MUSAEA JAPONICA⑬

ギリシア考古学の父 シュリーマン

天理大学附属天理参考館＝編

山川出版社

はじめに

二〇一五年、天理大学は創立九〇周年を迎えます。また、その年は世界的に有名な考古学者ハインリヒ・シュリーマンが幕末の日本に来日して一五〇年、そして、彼が発掘調査したギリシア・ティリンス遺跡の発掘報告書を発行して一三〇年にあたります。

これを機会に、天理大学附属天理参考館が所蔵するティリンス遺跡の報告書に描かれた原画二八枚を初公開したいと思います。

現在のような実測技術が確立されていない考古学黎明期では、画家を現地に呼び寄せ、検出遺構や出土遺物を正確に図面化するという手法が取られていましたが、今回の資料はまさにそのようにして描かれた遺構図や遺物図であります。

同じく、大学附属施設であります天理図書館にはシュリーマンの名を世界に轟かせたトロイア発掘の報告書初版『トロイアの古代遺跡』完本をはじめ、シュリーマン関連の資料がいくつかございます。これらの資料を基に、大学と天理参考館・天理図書館が協力して一冊の本にまとめて発刊することにいたしました。

ギリシア考古学の父、シュリーマンという人物に迫り、彼が成し遂げた業績の一端を紹介することにより今後のシュリーマン研究の一助になればと思っております。

二〇一五年四月

天理大学学長　飯降　政彦

ギリシア考古学の父シュリーマン
ティリンス遺跡原画の全貌

もくじ

凡例　特に表記のないものは天理参考館の所蔵である。
資料解説は，天理参考館蔵品を巽善行が，天理図書館蔵品を神﨑順一が担当した。
p4, 7, 23, 24の写真はユニフォトプレス提供。

シュリーマンの到達点

周藤芳幸

静かな早春の朝まだきのこと、湖のように小さな波がひたひたと打ち寄せる海辺を望むまっすぐな道を、一人の落ち着いた様子の初老の男性が、軽やかな響きを立てながら馬を進ませていた。あたりはまだ薄闇に包まれているが、彼の行く手には、遠く白雪を戴いたアルカディアの山並みが、少しずつ明るんでいく空を背景として、そのくっきりとした雄姿を現し始めている。ここは、ギリシア神話のふるさととして知られる、ペロポネソス半島北東部のアルゴス平野。馬上の人は、壮年時代にロシアで商人として莫大な富を築き、引退して考古学の道に転じてからはトロイアやミケーネなどで赫々たる成果を上げてきたドイツ人、ハインリヒ・シュリーマン（一八二二〜九〇）その人である。このとき、彼は既に六二歳。しかし、間近に見るならば、その精悍な面立ちは、年齢よりもずっと若々しいことに気がつくだろう。それもそのはず、考古学者としての彼は、今やそのキャリアの頂点を極めようとしていたのである。間もなく、彼の目の前には、巨石を累々と積み上げた堅固な城壁が現れた。ギリシア神話の英雄ヘラクレスゆかりの地であり、その城壁を一つ目の巨人キュクロプスたちが自然の岩を積み上げて構築したという逸話で名高い、ティリンスの遺跡である。一八八四年の三月に万端の準備を整えてこの地にやってきたシュリーマンは、近くの港町ナフプリオンを拠点として、この遺跡の発掘を指揮していた。城壁の麓で馬から降り立ったシュリーマンは、彼の片腕として働いているドイツ考古学研究所の若き測量技師、ヴィルヘルム・デルプフェルト（一八五三〜一九四〇）を迎えに行かせるため、ただちに自分の乗ってきた馬をナフプリオンに送り返した。そこから宮殿の遺構が発見された丘の頂まで登ったシュリーマンは、夜明け前の冷たく澄み切った空の下に広がる美しい平野を一瞥した後に、おもむろに人夫を点呼して、その日の仕事に取りかかったに違いない。

天理大学に所蔵され、天理大学創立九〇周年記念事業の一環として初めて公開されることになった二八枚の原画は、一八八四年から翌年にかけて断続的に行われたティリンス遺跡の発掘の報告書のために制作されたものである。これらの貴重な原画の学術的な価値を知るためには、何よりもギリシアにおける考古学の歴史、とりわけ現地における遺跡の調査がどのように記録され公刊されてきたのかという足取りをたどってみる必要がある。

ハインリヒ・シュリーマン

遠い神話世界のことであれ、現実に生起したことが明らかな事件であれ(古代ギリシア人は、この二つの事柄を区別することには、あまり意義を見出していなかった)、記憶すべき過去の出来事にまつわる遺跡や遺構への関心は、ギリシアでは古代からきわめて高かった。そのことを示す代表的な著作が、紀元後二世紀に書かれたパウサニアスの『ギリシア案内記』全一〇巻である。中部ギリシアとペロポネソス半島の名所旧跡を丹念にたどりながら、そこに残されているモニュメントを手がかりに各地の歴史を回顧するこの稀有な書物は、ギリシアの遺跡を訪ねる後世の旅行者や研究者に、大きな影響を与えることになった。ティリンスの発掘に先立って、シュリーマンは一八七六年にミケーネで円形墓域の竪穴墓を発掘し、センセーションを巻き起こしていたが、そこでも発掘地の選定にあたって導きの糸となったのは、神話の世界でミケーネを統治していたアトレウス一族の墓に関するパウサニアスの記述だった。しかし、パウサニアスは自らのテクストに図像を添えることができなかったので、必要と思われるときには、膨大な言葉を尽くして絵画や彫刻の細部を描写する労を厭わなかった。たとえば、アポロン神の神託の地デルフィにあったクニドス人のレスケ(談話室)には、古代ギリシアを代表する画家ポリュグノトスの描いた「トロイア陥落」の絵が収めてあったが、パウサニアスはその絵について実に詳細な言葉による描写を残している。

キリスト教文化に支配された長い中世を経て、古代ギリシアの遺跡への関心が西欧で高まってきたのは、東地中海にイスラーム勢力の脅威が迫りつつあった十五世紀前半のことである。滅亡の瀬戸際にあったビザンティン帝国から渡ってきた知識人から刺激を受けて、この時代の古代ギリシア再発見に貢献したのは、フィレンツェを中心に栄えたルネサンスのもとにあったイタリア人たちだった。なかでもアンコーナのキリアコスは、東地中海交易に従事した後にコンスタンティノープルでギリシア語を学び、三度にわたってギリシアやエーゲ海の島々を訪れては、熱に浮かされたように現地に残されている碑文を筆写し、モニュメントをスケッチした。キリアコスは、「歴史に関する証言は、本よりもむしろ石から得られる」という信念の持ち主であったことから、しばしば「考古学の父」と評されるが、その数奇な人生には、どこか後のシュリーマンのそれを想起させるところがある。とりわけ、彼のスケッチが、ギリシアの現地を訪れたことのない同時代人に古代ギリシアの建築や彫刻のイメージを伝える上で大きな役割を果たしたことは、忘れられてはならないであろう。

十五世紀の後半になると、現在のギリシアの地がオスマン帝国の支配下に入ったために、古代ギリシアの遺跡は再び西欧人にとっては壁の向こうの存在となってしまった。それでも十七世紀の後半になると、キリアコスの衣鉢を継いだヤコブ・スポンのような旅行家によって、少しずつギリシアの遺跡についての知識が西欧に伝えられるようになる。十八世紀のグランド・ツアーの流行は、さらにこの流れを加速させることになったが、その過程では、古代ギリシア世界をより学術的に調査しようとする動きが生まれてきた。その代表的な試みが、画家のJ・ステュアートと建築家のN・リヴェットによるアテネの古代遺跡の調査である。ロンドンの古代愛好家協会の資金援助によってギリシアに派遣された彼らは、一七五一年にアテネに到着すると、アクロポリス上の神殿や市内各地に残されていた遺構を精力的に計測し、また水彩画によって記録した。一七六二年から順次刊行された『アテネの古代遺物』は、その美しい挿図とともに、古代ギリシアの建築に関する最初の本格的な研究書として、今日なお高く評価されている。

このような古代ギリシア研究者と画家や建築家による現地調査の最大の成果と目されるのが、E・ドッドウェルが画家のS・ポマルディとともに一八〇一年、及び一八〇五年から翌年にかけて行った踏査の記録、『ギリシアの古典学的・地誌学的旅行』全二巻(一八一九年)である。特にシュリーマンとの関係で興味深いのは、ドッドウェルが、パウサニアスを参照しながら、ミケーネにおいて「アトレウスの宝庫」を初めとする複数のトロス墓やライオン門のような遺構、さらには地表面に散布する土器片の文様などを入念に観察し、その特徴について詳細に記述する中で、「これほど発掘する価値のある遺跡はギリシアには他にはない」と断言していることであろう。なお、ドッドウェルは、ミケーネを踏査した後にティリンスの遺跡も訪れ、キクロペス様式の城壁や城門を観察している。

シュリーマンが初めてギリシアの地を訪れたのは、それからさらに半世紀も後のことだった。この間にギリシアはオスマン帝国からの独立を果たし、バイエルンから迎えられたオトンを初代の王として、近代国民国家としての諸制度を整えていった。独立から間もない一八三四年には、ギリシアにおける考古学的活動を統括する考古局が創設され、王とともにバイエルンからアテネに来たドイツ人考古学者ルートヴィヒ・ロスがその局長の地位に就いて、早速アクロポリスの発掘に着手している。ちなみに、シュリーマンは、ミケーネでもティリンスでも発掘に際して考古局から派遣されてきた査察官と揉め事を繰り返しているが、これはシュリーマンが当時のギリシアの文化財行政制度をあまりよく理解していなかったことに起因している。実は、シュリーマンがギリシアで発掘を始めた時点では、ギリシアの遺跡についてはかなりの研究の蓄積があり、文化財の保護に関する制度もきちんと整えられていたのである。それでは、なぜシュリーマンの発掘が、これほどまでに広く世界に知られるようになったのか。それは、ミケーネで未盗掘の墓にあたったという幸運に加えて、著書や講演などの様々な手段を通じて、彼が精力的に自らの発掘の成果を社会に向けて発信していったからに他ならない。その中でも彼が特に重視したのが、専門家ばかりではなく一般の読者に向けた報告書の刊行、とりわけその内容をヴィヴィッドに伝える図版の充実だった。

上述したように、ルネサンス以来のギリシア旅行記には、必ずといって良いほど、同行した画家たちの手による現地のイメージを伝える図版（水彩画や銅版画）が添えられていた。また、十九世紀に入ると、ナポレオンのエジプト遠征に同行した学者たちによる『エジプト誌』を筆頭に、正確かつ精緻な図版を伴う報告書の学術的意義が高く評価されるようになる。イラストレイティド・ロンドン・ニュースのようなメディアの創刊（一八四二年）もまた、この時代の人々が情報として豊富なイメージを求めていたことをよく示していよう。アカデミズムの外で育ったシュリーマンが、このような時代の風潮を見逃すはずはなかった。

彼の初期の報告書（『トロイアの古代遺物』『ミケーネ』）は、いずれも調査の進展について日を追ってリアルタイムで叙述していく点で、外形的には伝統的な旅行記の体裁を忠実に踏襲している。しかし、彼はトロイアの発掘を通じて知己

ティリンス遺跡

を得た同時代の専門家からの助言に謙虚に耳を傾け、遺構の実測と遺物の撮影、それらに基づいて作成された図版の公刊に、ますます力を注ぐようになった。アカデミックな権威という後ろ盾のない自己の主張を人々に納得させるにはそのような記録とイメージが不可欠であることを、彼はよく見抜いていたのである。

　一八八一年三月、当時発掘が行われていたオリュンピアの遺跡を訪れたシュリーマンは、現地で測量などを担当していた若い測量技師、ヴィルヘルム・デルプフェルトと出会った。彼が直ちにデルプフェルトの才能を認めたことは、同じ年に刊行されたオルコメノスの発掘報告書の序文で、同地で発掘されたトロス墓の実測図などが「オリュンピアの発掘で知られた優れたドイツ人の建築家」であるデルプフェルトらによって作成されたものである旨を明記していることからも窺われる。さらに、シュリーマンは一八八二年のトロイア再発掘のためにデルプフェルトを雇用したが、トロイア遺跡の複雑な文化の層序が明らかになったのは、このデルプフェルトの功績に他ならない。

ヴィルヘルム・デルプフェルト

　一八八四年から翌年にかけてのティリンス遺跡の発掘の成功は、そのようなシュリーマンとデルプフェルトとの絶妙なコラボレーションの賜だった。それは、ここで調査の対象となったのが、ミケーネにおけるような黄金製品の副葬された墓などではなく、大規模な宮殿というまとまった建築遺構であったことも幸いしていた。シュリーマンは、報告書の出版を委託したジョン・マレーに宛てた書簡の中で、デルプフェルトが宮殿から出土した興味深いフレスコ画の模写にあたっていることを告げ、「この素晴らしい宮殿の図面はきわめて正確に作成されるはずですから、あまねく人々の驚嘆を呼び起こすに違いありません」と述べているが、それはまさにその通りだった。

　科学的な遺跡調査は、そこから得られた知見が報告書によって刊行されて初めて完結したということができる。一八八点の挿図、二四点の彩色図版、一点の地図、四点の平面図を添えて一八八六年に世に問われたティリンスの報告書は、それまでの伝統的な旅行記の体裁を完全に払拭している点においても、画期的なものとなった。その準備過程で制作されたのが、今回の特別展で公開されるデルプフェルトや画家のエミール・ジリエロンらの手によって制作された原画であり、そこにシュリーマン自らが書き込んだコメントからは、考古学に新たな時代を拓いた成熟した研究者としてのシュリーマンの誇りが生き生きと伝わってくるであろう。

ティリンス遺跡原画を調べる——巽　善信

ハインリヒ・シュリーマンは一八八四年にティリンス遺跡の発掘を始め、翌年八五年には報告書を発行している。現在の考古学者も見習わなければならないスピードである。ニューヨーク版初版本 "TIRYNS The Prehistoric Palace of the Kings of Tiryns" のタイトルを記した扉（i頁）に

WITH 188 WOODCUTS, 24 PLATES IN CHROMO-LITHOGRAPHY ONE MAP AND FOUR PLANS

とある。報告書の図版は二七カットあり、実は全部石版印刷によるものである。そのうち図版Ⅰ～Ⅲは平面図で、それ以外は出土遺物を正確に図示したものである。図版ⅠとⅢは一色刷で図版Ⅳは黒と緑の二色刷である。この三カットを除いた、残り二四カットは多色石版印刷によるカラー図版である。番号は付されていないが大きな図としては、口絵として折り込まれているアクロポリス上部の遺構スケッチ図、アルゴス地域地図がある。おそらく遺構スケッチは石版図で、地図は鋼版図であろう。それ以外では、ミケーネでみつかった碑文図や一七八まで通し番号がある挿図がある。通し番号のある挿図には複数のカットも含まれていている。これらの中に木版印刷が一八八カット含まれていることになる。「188木

シャルロッテンブルク宮殿

版印刷図、24多色石版印刷図。1地図と4平面図」とあるのは、おそらく売り文句であろう。当時では最新の印刷であったことがうかがえる。

天理大学附属天理参考館(以下、本館)が所蔵するティリンス遺跡発掘報告書原画は図版がⅠ、Ⅱ、Ⅲ、Ⅶ、Ⅷ、Ⅸ、Ⅹ、Ⅺ、Ⅻ、XIII、XVI、XVIII、XIX、XX、XXI、XXII、XXIII、XXIV(XXIIIとXXIVは原図では一枚に収められている)、XXVI、XXVIIである。報告書の図版数でいうと以上の二〇カットで、原図枚数では一九枚ということになる。欠落はⅣ、Ⅴ、Ⅵ、XIV、XV、XVII、XXVの七枚である。ただしXVIIとXXVの二枚は現在、中近東文化センターに所蔵されている。したがって所在不明なのは報告書図版数でいえば、二七カットのうち五カットのみとなる。

挿図の原画はNo.126・127・128・139・142・156・159・165・167の九枚があるのみである。ほとんどは不明で、紛失している状態である。

二〇〇八年九月、筆者を含む天理大学のスタッフ六名がドイツに渡航し、ベルリン国立博物館群の一つである先史・原史博物館を訪ねた。当時はシャルロッテンブルク宮殿にあった。トロイア出土遺物で特に有名な黄金、銀のいわゆる「プリアモスの財宝」は戦後行方不明になっていたが、近年ソ連が戦利品として持ち帰り、現在プーシキン美術館に保管されていたことが分かっている。それ以外の土器片などの多くの遺物は実はベルリンに残っていた。戦後ベルリンが再建される中で少しずつ発見されては、この先史・原史博物館に収められた。

館長代理(当時)アリックス・ヘンゼル氏から丁寧な説明を受けた後、同館文書部門の研究員でシュリーマン手記を専門とするホルスト・ユンカー氏を紹介していただいた。ユンカー氏に本館が所蔵するティリンス原画を説明し、原画に描かれている文字の筆跡鑑定を依頼した。帰国後にユンカー氏から調査報告書が送られてきた。シュリーマンの年齢によって若干、筆跡が異なるため、ティリンス報告書の出版年前後の一八八四〜八五年の文書に限定して比較している。その結果、ティリンス原画の二八枚中一一枚に書かれている文字は、シュリーマンによるものである可能性が非常に高いと判明した。筆跡の一致が確認できたのは、以下の理由からである。

文書部門のある建物

図版XXV原画（中近東文化センター蔵）

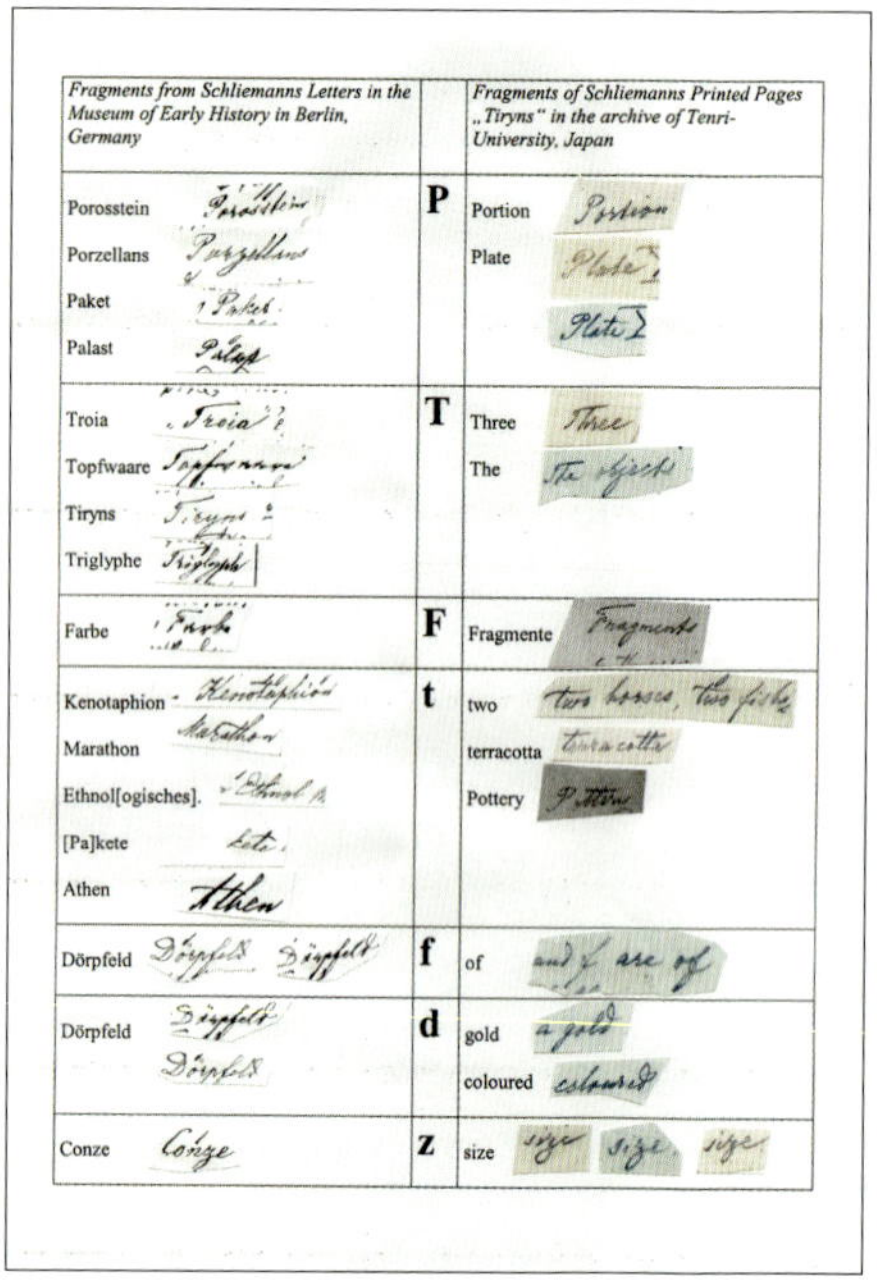

Fragments from Schliemanns Letters in the Museum of Early History in Berlin, Germany		Fragments of Schliemanns Printed Pages „Tiryns" in the archive of Tenri-University, Japan
Porosstein Porzellans Paket Palast	P	Portion Plate
Troia Topfwaare Tiryns Triglyphe	T	Three The
Farbe	F	Fragmente
Kenotaphion Marathon Ethnol[ogisches]. [Pa]kete Athen	t	two terracotta Pottery
Dörpfeld	f	of
Dörpfeld	d	gold coloured
Conze	z	size

筆跡比較図

(1)個々の字形にみられる特徴的な個性。とくに、大文字の「T」「F」「P」、小文字の「t」「f」

(2)タイポグラフィー(字の大きさ、字間、行間、レイアウトなど)の特徴

(3)字体の傾斜角度

(4)手書きにおけるその他の特徴

一一枚とは図版XII、XIII、XVI、XVIII、XIX、XX、XXI、XXII、XXIII、XXVI、そしてXXVIIである。出版社に対して、必要な個所に指示・訂正をインクもしくは鉛筆で書き記したものである。出土遺物は呼び寄せた画家が、遺構図はヴィルヘルム・デルプフェルトが描いたと考えられる。本館原画では図版I、II、IIIが遺構図で、デルプフェルトと思われるドイツ語の指示・訂正文があるのみで、シュリーマンのものはない。

原画の印刷後の足取りは不明である。ただし特に重要で有名な図版がこれほどまとまってあるのは偶然とは思えない。大事なコレクションと理解した人物が一人ないしは複数おり、彼らの手に渡り大切に保管されてきたと思われる。通常、出版後に原稿は執筆者に返される。図の原稿であるこれら原画は、シュリーマンもしくはデルプフェルトの手に戻っていたのではないだろうか。「プリアモスの財宝」を思えば、大戦直後あたりで流出した可能性はある。確かな情報がない現状では推測の域を出ない。追跡調査をしたいものである。

第一章

シュリーマンの生涯

シュリーマンを世界的に有名にしたのはトロイアの発掘であるが、
今日に至るまで親しまれている理由は、
彼の人生そのものにあるといえる。
商人として成功を収めると、商売から身を引き
私財を投じて学問の世界へと飛び込んだ。
そして押しも押されもせぬ考古学者になったのである。
第二の人生を活き活きと生きたその姿は
今日の私たちに勇気を与えてくれる。

幼少期の家（現在、シュリーマン博物館）

シュリーマンの軌跡

【幼少期】アンカースハーゲン

一八二二年一月六日、北ドイツのメクレンブルク・シュヴェーリンのノイブコーに、貧しい牧師の子として生まれた。翌年に父親が小さな村アンカースハーゲンの教会に牧師として招かれ、シュリーマンも一〇歳(一八三二年)までの幼少期をここで過ごす。シュリーマンの手記によると、あらゆる神秘的なもの、あらゆる不思議なものへの生来の愛着心が、この土地にある多くの怪奇な伝承によって形成されたと言う。家の庭のすぐ後ろに小さな沼があって、そこには真夜中に若い女の幽霊が銀の皿を持って出るという話もあれば、盗賊が我が子を金のゆりかごに入れて葬ったという伝説もあった。幼友達の同じ年の少女ミーナはシュリーマンのこの不思議な話を熱心に聞いていた。

父親はシュリーマンにホメロスの英雄の働きやトロイア戦争のできごとを歎美しながら物語ったという。シュリーマンは「きっと数百年の石ころや塵の下にかくれている」はずだと思い、いつかトロイアを発掘しようと思ったという。

これが事実なら、彼は「古代への情熱」を生涯持ち続けたことになる。彼の少年期はけっして恵まれたものではなかった。母親はシュリーマンが九歳(一八三一年)の時に亡くなっている。不幸な出来事が重なった。父は浮気や教会資金の横領で、依願退職している。この父親の品行の悪さが原因で、アンカースハーゲンを去り、ミーナとも引き裂かれることになる。

シュリーマンは貧しい少年時代を送った。一〇歳で、シュリーマンは同じく牧師をしている伯父のもとで暮らすことになる。ドイツのギムナジウム(中高一貫校)に入るが、学費の都合上、実科学校に編入する。一四歳で卒業して、小さな町フュルステンベルクにある小さな雑貨店で見習いの職についている。仕事はきつかったが、どんなに辛くとも仕事を怠けないという忍耐力を身につけた。五年間続いたが、樽を運んでいる時に血管破裂を起こして、重労働には耐えられないと

シュリーマンの父が牧師をしていた教会

いう理由で解雇されている。しかしこれがなければ雑貨屋の商いで一生を終えていたかもしれない。見習いの哀れな地位から抜け出す機会を与えた「幸運な挫折」であった。

【青年期】苦難の連続

一九歳(一八四一年)の時に、新世界アメリカで運試しをしようと、ハンブルクからベネズエラに向かう船に乗るがオランダ沿岸で難破する。九死に一生を得て、アムステルダムで留まる。様々な困難に遭いながらも、英語、フランス語、スペイン語、イタリア語、ポルトガル語、ロシア語など二〇カ国語くらいを習得している。たぐいまれな商才にも恵まれ、二四歳で貿易商の職を得て、二五歳の時には自分の貿易会社を設立し、着々と富を築いていった。普通ならこのまま進んでいくであろう。一文無しから大富豪へと上り詰めるドラマさながらの成功を収めたのだから、十分満足な人生と言える。しかしシュリーマンはそれを選ばなかった、あるいは選べなかった。

三〇歳(一八五二年)で最初の結婚をしている。相手のエカテリーナは資産目的というのもあり、愛に恵まれていたとはいえない。シュリーマンは自己本位で激しやすく、非常に厳格であり、エカテリーナは浪費癖があり、極度の利己主義であったと言う。資産は増えるが冷えた家庭に悩み続けることになる。

【中年期】発掘への挑戦——第二の人生

四二歳(一八六四年)の時に会社を閉鎖して商売からは手を引き、関心は学問へと移っていく。本人の自叙伝では、やっと自分の夢を叶える時がきたと述べている。シュリーマンの第二の人生が始まる。五月には二年間かけての世界旅行に出発している。実はシュリーマンは一八六五年に来日している。インドから海路香港、上海、北京、そして江戸を訪れているのである。短い滞在であったが、シュリーマンの目はつねに客観的で観察は鋭い。帰国して翌年の一八六六年、聴講生としてフランスのソルボンヌに通い始める。主に言語学であったが、エジプト考古学も学んでいる。四六歳で、イタリア・ギリシア・トルコへ約四カ月の旅行をしている。イタリアではポンペイの発掘に刺激を受けたと思われ、ギリシアではイタカ島で許可がないまま発掘をしている。トルコではトロイアの候補地であったプナルバシュとヒサルルクを訪れている。この旅行はその後に影響を与えることになるが、特にトルコで外交官であったフランク・カルヴァートと出会ったことは大きかった。ヒサルルクがトロイアであろうと情報を提供したのが彼である。

四七歳(一八六九年)に離婚を強行し、ソフィアと再婚している。四九歳から、念願のトロイアの発掘調査を開始する。

トロイアの場所を巡っては多くの書物や論文が書かれており、また単なる神話上の存在であって現実に場所を求めることは愚かなこととする研究者も少なくなかった。彼はトロイアにあたる遺跡が存在し、ホメロスの詩句には少なくとも真実の核があることを世間に納得させたのである。

　そして五四歳(一八七六年)の時にはミケーネの発掘をおこない、まさに「黄金満つるミケーネ」を発見する。シュリーマンが初めて明らかにしたこの文化と時代を、この遺跡名からミケーネ文化、ミケーネ時代と現在も称している。当時は、ヨーロッパ文明は古代ギリシアから始まり、それ以前はまったくの野蛮な文化でしかなかったとするのが常識であった。この常識を破り、当時考えられていたより約一〇〇〇年も古い高度な文明が存在したことをトロイアとミケーネの事実で示したのである。五九歳の時に、トロイア出土遺物である「プリアモスの財宝」をドイツに寄贈し、ドイツ皇帝ヴィルヘルム一世から親書を賜るとともにベルリン名誉市民となっている。

シュリーマン　cbpk / distributed by AMF

ソフィア　cbpk / distributed by AMF

　六〇歳(一八八二年)でトロイアの第六次発掘調査を行っている。この時、デルプフェルトという非常に有能な建築士であり、考古学者である若い人物がシュリーマンの片腕として調査に加わる。デルプフェルトは層位学的発掘と考古学調査の図面の記録(実測)の先駆者である。そしてその二年後、六二歳の時にティリンスを発掘したのである。これまでの発掘の経験と、有能なデルプフェルトの協力で、このティリンス遺跡は現代の考古学の手法に近い形で調査が進められた。また、報告書も発掘を行った次の年には出版されているので、その面でも現在の考古学のあり方の手本となるところがある。

【晩年期】幸福と放浪

　晩年はすでに考古学者として大成しており、むしろねたまれる存在であった。誹謗中傷がひどく、非科学的な言いがかりに悩まされている。アメリカのスティルマンという人物がミケーネはビザンティン時代の遺跡であり、ティリンスの年代決定は非科学的で野蛮な作り物であるとこき下ろした。さらには個人攻撃までする始末であった。当時の有数の学者も巻きこんで両陣営を形成しての大きな論争となった。決着をつけるべく一八八六年七月二日にロンドンで公開討論会をおこなっている。結果はシュリーマンの完全勝利に終わった。

妻ソフィアとの関係は良好で幸福であったが、世界中をたいていは一人で迷い歩き、いつもかなりきつい持病の耳痛に悩んでいた。安住できないかのように放浪している。そしてどこへいってもトロイアやミケーネなどの出土遺物との比較資料を探していた。六八歳（一八九〇年）でトロイアの第七次調査をおこなっている。この調査を終えてギリシアの自宅に帰る途中、イタリアのナポリで亡くなった。耳痛が命取りとなった。外耳道外骨腫（一般にサーファーズ・イヤー）に加えて、左耳には真珠腫の合併があったであろうとされている。ポンペイ遺跡を見るために十二月にイタリアのナポリに寄ったが、耳がまた痛くなったのでナポリの医者に診てもらっている。クリスマスの正午頃にナポリのサンタ・カリタ広場を横切る途中で倒れ、意識不明となる。身分を証明するものを持っていなかったために、警察に運ばれた。そこでナポリで診察を受けた医者の名前を書いた処方箋がみつかり、呼び出された医者が初めてこの人がどういう人物かを説明した。ようやく宿泊しているホテルに運ばれたが、翌朝には右半身が麻痺していた。ナポリの有名な医者が集まり、対策を考えているうちに息を引き取った。

一八九一年一月四日、アテネの自宅で葬儀が行われた。ギリシア国王は格式の高い国葬で送ることを命じた。葬儀にはギリシア国王や皇太子、諸大臣、諸外国の外交団やアテネの著名人が参列している。アメリカ大使など何人もの人が弔辞を述べたが、デルプフェルトのお別れの言葉ほど適切な言葉はなかった。

安らかにお休みください。
貴殿は十分に仕事を成し遂げられました。

〈巽　善信〉

アテネのシュリーマン邸（現在、貨幣博物館）

シュリーマンが見た幕末の横浜と江戸

ハインリヒ・シュリーマンが、考古学の道に入る前に商人として成功をおさめたことはよく知られている。しかし、その二つのキャリアの狭間の時期に世界を漫遊し、幕末の日本を訪れていたことは意外と知られていないようである。

一八六五年に訪日したシュリーマンは、彼が見た横浜・八王子・江戸の情景とその風俗を、自身初の著書『中国と日本』[1](以下「旅行記」と略記、図版1)にまとめている。一カ月という滞在期間の短さもあってか、「旅行記」の情報量は他の外国人の日本見聞録に比較して少なく、不正確な箇所も見受けられる。しかし、シュリーマン独特の観察の細やかさによって、私たちは他の史料ではつかみきれない幕末日本の情景を豊かにイメージすることができる。

ここでは、「旅行記」を他の同時代史料とつきあわせながらシュリーマンが日本で見た情景を浮かび上がらせ、その情景の背景を考えるとともに、「旅行記」の史料的価値も検討したい。

【海上交通網の発展と「世界漫遊家」】

十九世紀半ば以降、ヨーロッパ諸国は蒸気船の技術革新を背景に、ヨーロッパとアジアを結ぶ海上交通網を整備しつつあった。一八五九年から横浜・長崎・箱館(函館)が外国貿易のために開かれると、欧米の海運会社は日本へもその網の目を伸ばしてくる。

上海と横浜の間には、イギリスのP&O社が一八六四年から月二回の定期航路を開設。一八六五年にはフランス帝国郵船も定期航路を開いた。一八六七年、アメリカの太平洋郵船はサンフランシスコ―横浜―香港間に定期航路を設置し、「世界は周回ルートを手に入れた」[2]のである。

このような交通網の発達によって、いわゆる「世界漫遊家」("globe-trotter")が出現し、一八六〇年代から七〇年代には横浜にもその姿が見られるようになっていた。[3] シュリーマンは世界漫遊家の最初期の一人として来日した、ともいえる。

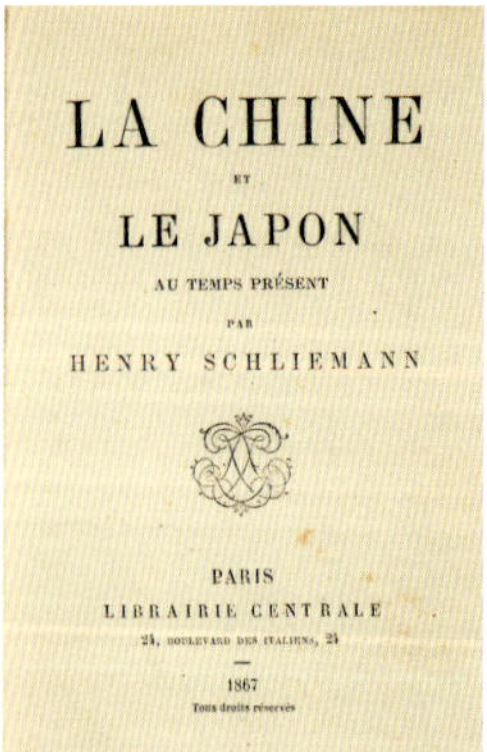
LA CHINE
ET
LE JAPON
AU TEMPS PRÉSENT
PAR
HENRY SCHLIEMANN

PARIS
LIBRAIRIE CENTRALE
24, BOULEVARD DES ITALIENS, 24
—
1867
Tous droits réservés

図版1　シュリーマン『中国と日本』原書(1867年, 横浜開港資料館蔵)

【上洛する将軍を見物】

上海からシュリーマンを乗せたペキン号は、慶応元年五月十日(一八六五年六月三日)午後十時、横浜港に到着した。ペキン号はP&O社の一一八四トンの蒸気船である[4](図版2)。シュリーマンは翌十一日に横浜に上陸、さっそく横浜の町を見物し、日本人の生活について詳細な記録を残している。このあたりもシュリーマンの観察眼の鋭さを示していて興味は尽きないが、「旅行記」の史料としての価値を高らしめているのは、上洛する将軍徳川家茂の行列を描写した部分であろう。

このころ、長州藩(山口県)が幕府に反抗的な態度をとっていたことに加えて、京都の朝廷や西日本の大名の力が大きくなりつつあった。そのため、将軍が兵を率いて京都・大坂(大阪)に滞在することが求められており、幕府は幕末三度目の将軍上洛を決断する。

五月十六日、家茂は江戸城を発って東海道を南に進み、この日は川崎宿に宿泊した。シュリーマンの記すところによると、横浜近辺を将軍一行が通過する際、外国人が行列を見物しないよう、幕府は外国側に要請していた。しかし五月十六日、イギリス領事が幕府にかけあって、横浜から四マイル(約六キロ)離れた場所で外国人が行列を見物できるように許可をとったという。

神奈川の柏木五十二なる人物から江戸にもたらされた手紙(五月十九日付)によれば、「このたびの御進発につき、(将軍の)通行中、その道筋へ外国人は出ないよう、かねて交渉済みであったところ、(通行を)拝見したい旨の申し出があったので、川崎宿の(家茂の)旅館に伺ったところ、拝見させても苦しからず、との上意があった[5]」と記されており、シュリーマンの記述を裏付ける。

五月十七日、神奈川宿と保土ケ谷宿の間の「外国人たちに割当られた木立」に、シュリーマンら横浜在留の外国人が集まってきた。この日の朝、将軍家茂は朝六時に川崎宿を出発し、途中生麦事件で知られる生麦村で休憩。そこから馬に乗り神奈川宿に午前十時に到着、本陣の石井家で昼食をとった。神奈川宿を出たのは午後一時ころである[6]。「旅行記」に時刻は記されないが、家茂に

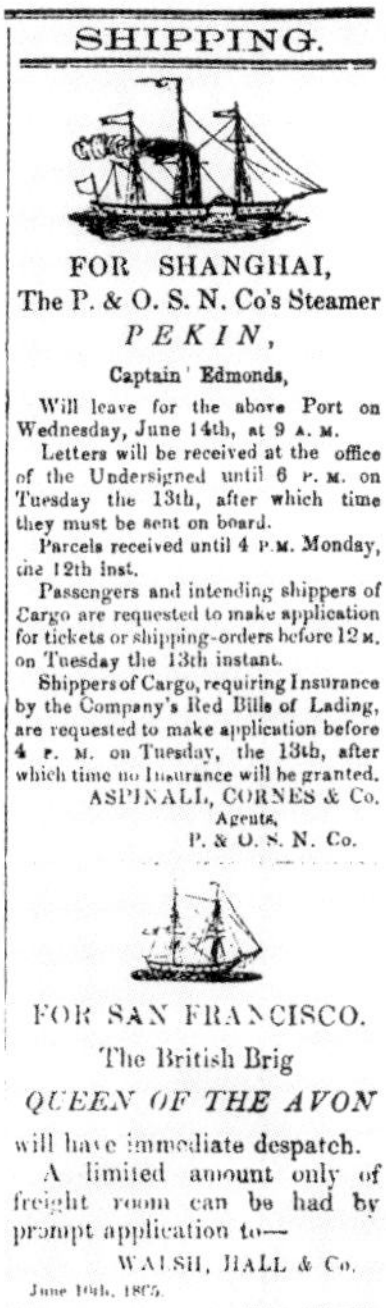

SHIPPING.

FOR SHANGHAI,
The P. & O. S. N. Co's Steamer
PEKIN,
Captain Edmonds,
Will leave for the above Port on Wednesday, June 14th, at 9 A. M.
Letters will be received at the office of the Undersigned until 6 P. M. on Tuesday the 13th, after which time they must be sent on board.
Parcels received until 4 P.M. Monday, the 12th inst.
Passengers and intending shippers of Cargo are requested to make application for tickets or shipping-orders before 12 M. on Tuesday the 13th instant.
Shippers of Cargo, requiring Insurance by the Company's Red Bills of Lading, are requested to make application before 4 P. M. on Tuesday, the 13th, after which time no Insurance will be granted.
ASPINALL, CORNES & Co.
Agents,
P. & O. S. N. Co.

FOR SAN FRANCISCO.
The British Brig
QUEEN OF THE AVON
will have immediate despatch.
A limited amount only of freight room can be had by prompt application to—
WALSH, HALL & Co.
June 10th, 1865.

図版2 シュリーマンが搭乗した船の広告。"The Japan Herald" 1865年6月10日付(北根豊編『日本初期新聞全集』5より転載)

随行した目付木村喜毅の日記には「程谷(保土ケ谷)御本陣へ八半時(午後三時)頃御入[7]」とあるので、シュリーマンが将軍を見たのはおおよそ午後の二時頃だろうか。

「いよいよ大君が現われた。他の馬のと同様、蹄鉄なしで藁のサンダルを履かせた美しい栗毛の馬に乗っている。大君は二十歳くらいに見え、堂々とした美しい顔は少し浅黒い。金色で刺繍した白地の衣装をまとい、金箔のほどこされた漆塗りの帽子を被っていた。二本の太刀を腰に差した白服の身分の高いものが約二十人、大君のお供をして、行列は終わった。」

将軍は外国人の前にその姿をあらわしたのである。従来将軍が江戸城の外に赴くとき、その身体を人々に見せることはなかった。しかし、文久三(一八六三)年、二二九年ぶりの将軍上洛の際、家茂は乗馬や徒歩で旅してその姿を人々の前にあらわし、幕府も将軍を「拝見」するようにと触れた。これには「自ら先頭に立って国事に尽力する将軍の姿を、天下にアピールする意図[8]」があったという。上洛する将軍家茂を見とどめた史料は日本側を中心に少なからず残っているが、シュリーマンの情景描写はとりわけ細かく、貴重な証言となっている。

さきの木村喜毅の日記には「程谷宿手前において、外国人拝見多人数罷りいで候[9]」との記述があり、その外国人の行列見物の様子は錦絵にも描かれている(図版3)。シュリーマンたち外国人の姿と将軍上洛という歴史的事件の交錯は、時代を象徴する光景として日本人の興味を惹いたに違いない。

図版3「末広五十三次　程ヶ谷」歌川芳幾画, 慶応元(1865)年閏5月(横浜市歴史博物館蔵)

【江戸の外国公使館】

横浜居留地の外国人が自由に散策できる範囲は、横浜を中心として十里(約三九キロ)四方と定められていた。だが、北、つまり江戸の方向については十里より短いが、六郷川(多摩川)がその境界線をなしており、ここを越えて江戸に行くことは外交官以外の一般の外国人には許されていなかった。

しかし、「江戸へ行きたくてうずうずしていた」シュリーマンはグラバー商会に依頼して、江戸のアメリカ代理公使を訪問するようにとの招待状を、横浜のアメリカ領事フィッシャーから手に入れる。そして、江戸訪問の希望日程を知らせると、領事から神奈川奉行所に、シュリーマンを警護する役人の手配とともに、江戸への旅行許可証が送付されたという。一般の外国人が外交官の招待という形式をとって江戸を訪問している事実は他の史料からも確認できるが、その手続きの詳細を記しているものは珍しい。

シュリーマンは閏五月三日に江戸に向かい、七日までの五日間で、愛宕山・浅草・日本橋・王子・深川など江戸の名所を精力的に観光している。これら名所の描写も丁寧な観察に基づいていて興味深いのだが、江戸滞在中に宿泊したアメリカ公使館善福寺の警備状況を具体的に記している箇所もなかなか史料的な価値が高い。

安政六(一八五九)年六月の横浜開港と同時に、欧米諸国は「首都」江戸に公使・総領事を派遣、公使たちは江戸の寺院に外国公館を設置した。しかし、万延元(一八六〇)年以降、公館の周辺で外国人殺傷事件があいついだため、幕府は外国公館の警備体制を強めていた。シュリーマンは善福寺内の警備状況を実見し、次のように記している。

「(公使館の警備体制は)二つの竹の垣根とたくさんの番小屋、そして哨舎からなっている。ここで昼間は二百人、夜間は三百人以上の役人が太刀と弓、鉄砲と短刀で武装して警備にあたっている。味方同士を確かめる合言葉が夜ごと決められ、受け答えできずに通りすぎようとする者はたちどころに斬られることになっている。」

図版4は、善福寺の警備状況を示した絵図(文久二(一八六二〜三)年頃)である。シュリーマンの証言通り、寺は二重の矢来・塀で囲まれており、諸所に警備番所と警備の人数が記されている。慶応元年五月段階で、一つの外国公館の警備には幕府直属の警備隊(別手組)が一五〇人から二〇〇人の規模であたっていたほか、幕府は大名家からも警備人員を出させていた。(10) 文久元年から二年に善福寺を警備した館林藩(群馬

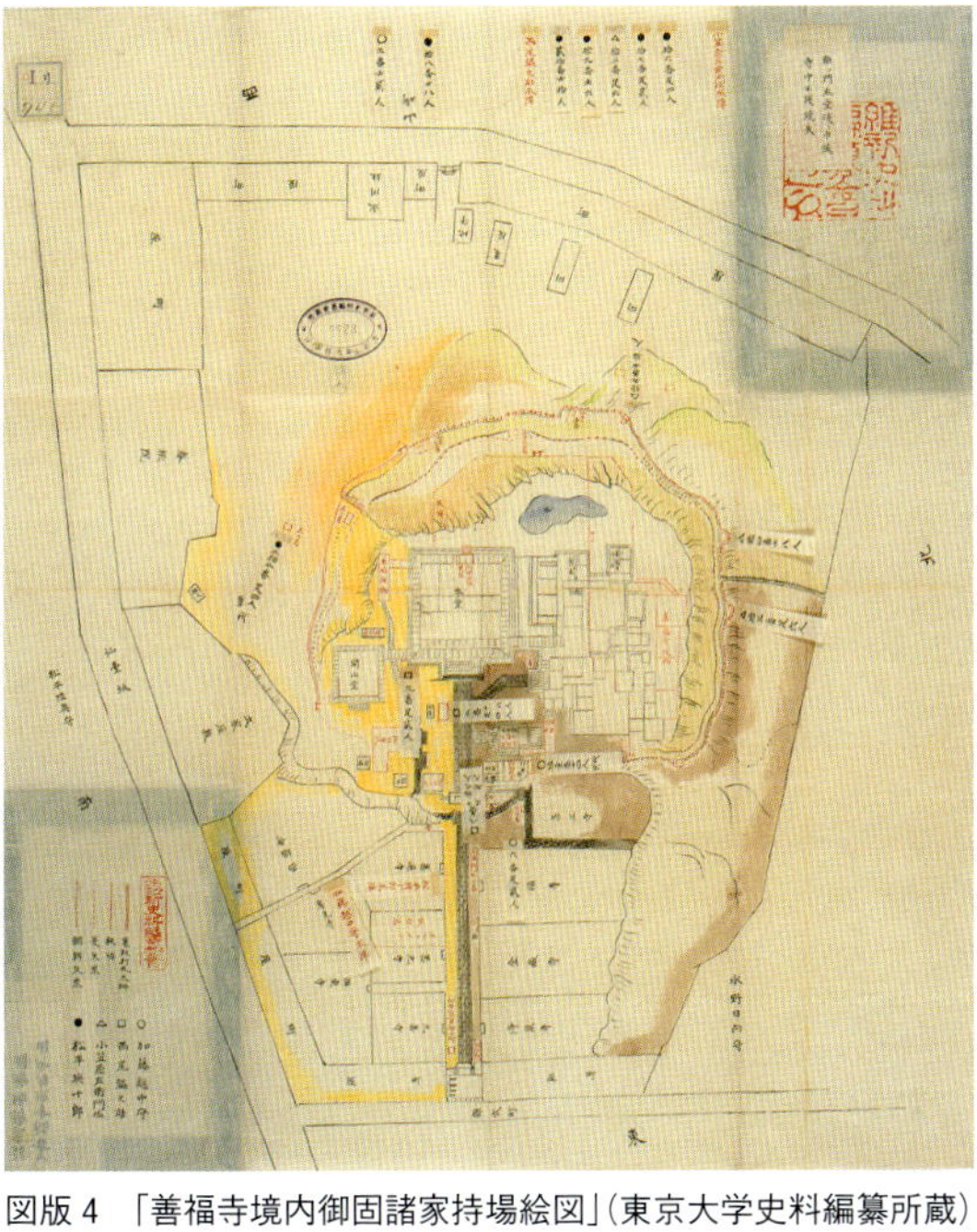
図版4　「善福寺境内御固諸家持場絵図」(東京大学史料編纂所蔵)

県)の警備日記には、「雪・雨」「鶴・亀」「風・雲」など警備陣の合言葉が毎日のように変更されていることが記されている。(11) シュリーマンの記録は、この時期の江戸の外国公館の警備状況を外国人側から裏付けている点において貴重なものとなっている。

慶応元年閏五月十二日(一八六五年七月四日)、シュリーマンは横浜からサンフランシスコ行きの小さな帆船エイボン号(12)で日本を離れた。

サンフランシスコまでの五十日の船旅のあいだ、シュリーマンはこの旅行記を書き上げる。その後、ニカラグアを経てアメリカの東部、そしてハバナとメキシコ・シティを訪れ、ヨーロッパにもどった。パリで考古学の研究を始めるのは一八六六年春のことである。

シュリーマンの伝記を執筆したエーミール・ルートヴィヒは、この世界周遊について「この時期は、シュリーマンの生涯において、一種の間奏曲のような印象を与える」と記し(13)、旅行の内容については触れるところがない。しかし、「旅行記」からは、その後に発揮されるシュリーマンの鋭い観察力を感じることができるし、その詳細な記述は幕末の日本を知るうえで貴重な史料のひとつとなっている。この「間奏曲」は、実に興味深い旋律を奏でているのである。

〈吉崎雅規〉

(1) Henry Schliemann, *La Chine et le Japon au temps présent*, Librairie centrale (Paris), 1867. 本稿では、石井和子訳『シュリーマン旅行記　清国・日本』(講談社学術文庫、一九九八年)の訳を用いた。本文中の断りのない引用は同書による。
(2) 小風秀雅「幕末維新期における欧米海運の日本進出」(横浜開港資料館・横浜近世史研究会編『19世紀の世界と横浜』山川出版社、一九九三年)
(3) 横浜開港資料館編『世界漫遊家たちのニッポン——日記と旅行記とガイドブック』横浜開港資料館、一九九六年
(4) *The Japan Herald* June 10, 1864(北根豊編『日本初期新聞全集』五、ぺりかん社、一九八七年、一九六頁)
(5) 鈴木棠三・小池章太郎編『藤岡屋日記』第十二巻、三一書房、一九九三年、五六五頁
(6) 「元治二年　御用日記」(「神奈川宿本陣石井家文書」支配八、神奈川県立公文書館蔵。横浜開港資料館架蔵の複製本を利用)。横浜市文化財研究調査会編『関口日記』第十五巻、一九八〇年、横浜市教育委員会、三七〇頁
(7) 慶応義塾図書館編『木村摂津守喜毅日記』塙書房、一九七七年、二五九頁
(8) 久住真也『幕末の将軍』講談社、二〇〇九年、一五四頁
(9) 前掲『木村摂津守喜毅日記』二五九頁
(10) 吉崎雅規「幕末江戸の外国公館」(『江戸の外国公使館』港区立港郷土資料館、二〇〇五年)
(11) 「善福寺出張中日記」(前掲『江戸の外国公使館』)
(12) *The Japan Herald* July 8, 1864 によると、正式な船名は"Queen of the Avon"で一六一トンの船である。前掲『日本初期新聞全集』五、二三一頁
(13) エーミール・ルートヴィヒ著、秋山英夫訳『シュリーマン——トロイア発掘者の生涯』白水社、一九六五年

第二章

シュリーマンの魅せられた世界

シュリーマンが憧れたギリシア・ローマ美術を紹介する。
そこには彼が信じたホメロスの叙事詩が鏤《ちりば》められている。
彼は実際に発掘することで、
ギリシア文明の起源が当時思われていたより
およそ一〇〇〇年も古かったことを証明した。
ギリシア考古学の父と呼ばれる所以である。

ヘファイストス神殿(アテネ)

ギリシア美術の歴史

【ギリシア文明とその美術の特徴】

古代ギリシア文明は、古代諸文明の中で決して「アルカイック(原初の)」ものでもなく、先端を走った独創的なものでもない。それはオリエント(レヴァント地方、アナトリア、エジプト、フェニキアなど)の諸文明に続く後進文明である。ギリシア文明は、畏怖と憧れの対象であるこれらの高度な先進文明から様々な要素を取り入れ懸命に模倣することにより形成されていった。したがってその特徴は、古いことではなく新しいことにある。

ギリシア文明のその新しい画期的な特徴とは、人間の生のあり方を真摯に自らに問い、それを強く求めたことにある。よってその美術も人間の生の表現の可能性を強く希求し、ゆえにギリシア美術の特徴は人と神とが同じ象形であること(アントロポモルフィズム、神人同形主義)である。エジプト文明とその神話、建築、美術が神をモジュールとしておりそれらは人間などを圧倒する神の偉業であるならば、ギリシアのそれらはあくまで人間をモジュールとしており実に人間性に溢れる。

ゆえにギリシアの美術は時代と文明を異にする人々にも理解され求められ、インドにおける仏教美術に至るまでの広大な範囲に影響を与え、ルネッサンス時代や現代に至るまでの後代の規範となったのである。

そのギリシア美術史のうち、特にシュリーマンに関係の深いミケーネ時代の前後を以下に主に概観したい。

【ギリシア本土とエーゲ海域
——新石器時代から青銅器時代】

前七千年紀に新石器時代が始まり、ペロポネソス半島、テッサリア、マケドニアなどでほぼ同時にコムギやオオムギの栽培とヤギやヒツジの飼育による農耕も始まるが、これはおそらくレヴァント地方からの影響であると考えられている。河川や湖沼と肥沃な土地に恵まれて農業が盛んであったテッサリア地方の前五千年紀の後期新石器時代の集落には、「アクロポリス」や「メガロン」の原型も認めることができる。

大理石と鉱物資源に恵まれていたエーゲ海のただ中のキクラデス諸島は、青銅器時代に海上貿易で栄えた。この時代の美術としてはまず初期キクラデス文化(前三二〇〇～前二〇〇〇年頃)の大理石製の彫像があげられる。ヴァイオリン型、プラスティラス・タイプ、例えば《キクラデス大理石像》(前二四〇〇～二三〇〇年頃、大理石、高三九・一センチ、アテネ・グーランドリス・キクラデス美術館)、奏楽者タイプ等と変遷するその人体表現は、時を超越した静逸な造形美を有す。ギリシア美術の鏑矢が、最も美の正鵠を射ているのかもしれない。

初期青銅器時代以降、農耕に適し海上交易の適地にあるクレタ島に栄えたのが、ミノア文明(前四千年期後半～前一一七〇年頃)である。前一九〇〇年頃から、島内にいくつかの政治的独立地域が成立し、それぞれの中心に宮殿が建造された。クノッソス、フェストス、ザクロス、マリアなどである。前一七〇〇年頃に島は大規模な自然災害に襲われ宮殿は破壊されたが、農耕と海上貿易による繁栄に支えられ、宮殿はさらに豪華に再建され、ミノア文明が最も繁栄した新宮殿時代(前一七〇〇年頃～前一四二五年頃)を迎える。この海洋文明が生んだ美術は生命力に溢れる。その絵には生気ある海の生物や鳥あるいは人物が描かれ、例えば《パリジェンヌ》(図1)と称されるフレスコ画の女性は生きている喜びに溢れている。《蛇女神》(図2)と呼ばれる女性神(あるいは神官)の像は命漲る豊満な乳房を誇示するように見せ、両手には力強く蛇を持つ。

図1　パリジェンヌ

前1500～1450年頃　クノッソス出土　フレスコ
人物像高20cm　イラクリオン考古学博物館

図2　蛇女神

前1600年頃　クノッソス出土　ファイアンス
高29.5cm　イラクリオン考古学博物館

しかし一四八〇年頃から一四二五年頃に、おそらくギリシア本土からのミケーネ人の侵入によって宮殿は破壊され、文明は急激に衰退し、その後はミケーネ文明に吸収されていった。

ミノア文明と同時期にギリシア本土で栄えた文明がヘラディック文明である。特にその後期を、シュリーマンが発掘したミケーネの名をとり、ミケーネ文明と呼ぶ。ミケーネの円形墓域の竪穴墓からは、豊かな黄金製品が出土した。シュリーマンが「アガメムノンのマスク」と称した《黄金のマスク》(図3)は、「黄金満つるミケーネ」とホメロスがよんだことを想起させる。

ミケーネ文明は、ミノア文明を継承した。例えばミケーネのフレスコ画《ミケーネの貴婦人》(図4)は、ミノア風の服を着て大きな胸を示し、その強い影響下にあったことを示す。しかしクレタ島の《パリジェンヌ》と比べて、表情も硬く、胸の表現は不自然で、衣文なども様式化されており、生き生きとしていない。むしろ《獅子狩り図の短剣》(前一五五〇~一五〇〇年頃、ミケーネ出土、ブロンズ、金銀ニエロ象嵌、長二三・八センチ、アテネ考古学博物館)や《戦士の描かれたクラテル》(前一二〇〇年頃、ミケーネ出土、土器、高四一センチ、アテネ考古学博物館)などの戦闘場面の表現にみるべきものがある。

後期ミケーネ時代の末(前一二〇〇年頃)に、ミケーネ、ティ

図3　黄金のマスク
前1500年頃　ミケーネ出土　金　高26cm
アテネ考古学博物館
このマスクの髭の真偽は議論の余地がある。

図4　ミケーネの貴婦人
前14～13世紀　ミケーネ出土　高53cm
アテネ考古学博物館

リンス、ピュロス、テーベなどの各地の宮殿は滅び、ミケーネ文明は崩壊した。火災を受けた瓦礫の混じる層が、宮殿陥落を物語る。ドーリア人の侵入、大規模な地震、気候変動などを崩壊の原因とする説が出されている。

先進の洗練されたミノア文明を受け継ぎ、文化的後進地域であったギリシア本土を短期間で東地中海の標準的文化レベルにまで引き上げたのがミケーネ文明の歴史的役割であった。

【初期鉄器時代のギリシア美術】

ミケーネ文明崩壊から、前七〇〇年頃までの四〇〇年ほどは「暗黒時代」と呼ばれる。経済活動は低迷し、器形の種類がミケーネ時代の七〇種類ほどから一〇種類ほどに大幅に減じたことから生活水準が著しく退行し、技術には断絶があったことがわかる。ティリンス陥落後にもその周囲の集落に人々は棲み続けたが、その生活水準は以前とは比較にならない。

しかし一方でそれは鉄器がギリシアにもたらされた初期鉄器時代でもある。ミケーネ時代(あるいは後期青銅器時代、エーゲ海先史文明)から初期鉄器時代(狭義の古代ギリシア文明)への移行には、連続性があるのか非連続であったかは積年の課題であった。しかし線文字Bがギリシア語の古い形であること等が判明し、暗黒時代はその前後を断絶していないと考えられている。但し特にこれ以降の時代こそが、その物語表現や人物表現においてクラシック時代のギリシア美術に直結しており、ローマのみならず現代西洋文明にとっての直接の古典、根幹と見なすことはできよう。

アテネのアクロポリスはミケーネ時代末期に陥落しなかった。そこに衰退は認められるものの、文化が連続していることが陶器などから確認でき、主にこのアッティカ地方の陶器の編年によって以下のように時代区分がなされる。なお、美術史とは形態を通じての世界観であるが、特に初期鉄器時代は権力者等ではなく陶器や彫刻の様式によって美術史が構築され時代区分がなされる。また古代ギリシア全般において、その素材や貴重であるという性質から金属器や絵画があまり現存せず、一方、焼き固められたという素材や安価であるとの性質から陶器は多く残る。ゆえに編年や社会の様相の根拠としてのみだけでなく、消滅した絵画を反映したとの前提で、絵画史も陶器画を基本として構築されている。

暗黒時代のはじめで、ミケーネの要素が多く残る時代を亜ミケーネ時代(一一五〇年~一〇五〇年頃)と呼ぶ。動物や植物の文様は陶器から消え、フリーハンドの波線などが描かれるようになる。

しかしアテネにおいて一〇五〇年頃から、前時代の波線は残りつつも、定規やコンパス等を使用した同心円や半円、水平・垂直・斜線、市松格子、三角・菱形などといった幾何学文様が陶器に描かれるようになり、原幾何学様式時代(前一〇五〇～九〇〇年頃)となる。これらのモチーフは陶器の器形を強調するように部位ごとに配置され、そこに構築的造形精神を見て取ることができる。陶器に基本的に動植物などは描かれない。社会は未だ貧しく富の集積もなかったが、器形は一七種程まで漸増し回復への兆しがみられる。

幾何学様式時代(前九〇〇～七〇〇年頃)は、「暗黒」から抜け出して文明の力が回復してゆく時代である。余剰生産物が生み出され、富裕層が出現したことが、豪華な副葬品を伴う墓の存在からわかる。特に前七〇〇年代には人々が集住するようになり、城壁内の王、富裕階級、商人、職人、そして城壁外に棲む農業従事者から成る階級の分化が進み、ポリスが誕生する。ポリスの商業は活発化し、地中海の東方の先進諸地域との交易も盛んになったことが、東方から輸入された高価な舶来品が富裕階級の副葬品にあることからわかる。但しギリシア製のものは幾何学様式を示し、文明そのものの摂取つまり「東方化」は次の時代まで待たないといけない。

東方からもたらされた最も貴重なものはフェニキア文字であり、そこからギリシア文字が作られた。それまでは連綿と口承で伝えられた神話が、『イリアス』や『オデュッセイア』として「ホメロス」によって文字によって書き留められたのも前八世紀後半である。共通のギリシア語と神と神域(ドドナ、オリンピア、デルフィ、デロス、サモス等)を有することをアイデンティティーとして、ギリシアが民族としてのまとまりを意識しだしたのもこの頃であり、第一回目のオリンピックが前七七六年に行われたとされる。

陶器の文様としては、原幾何学様式時代の主なモチーフであった同心円は減り、装飾はフリーズ状に配置され、それが水平線・斜線により再分割される。幾何学文様が多様化し、次第にそれが陶器の広い面積を覆うようになる。さらにそこに動物や人間が描かれるようになる。鹿、豚、特に馬は財力と戦力の双方を表すものであり、ステータスを示す図像であったろう。これらの具象的な図像は、次第に戦闘場面などの物語表現へと発展してゆく。特に幾何学様式時代の後期に多人数による複雑な描写が発達する。プロテシス(遺体安置)場面が描かれ、高さ一五五センチのモニュメンタルな墓標そのものでもあった《ディピュロンのアンフォラ》(前七六〇年頃、アテネ出土、陶器、高一五五センチ、アテネ考古学博物館)が代表作品である。

一般に、男は側面観の丸い頭、正面観の逆三角形の胴体と細い腰、側面観の太い脚によって表され、女はスカートをはく。それらによる物語場面は、神話か実際の出来事を表現していると従来は考えられてきたが、それは婚姻や遺体安置や葬祭といった社会的通過儀礼の場面であり、ポリス成立期の富裕階級がその構成員の男女に期待する倫理観や行動規範を示す、とする見解も近年は示されている。

口承としての神話が文字化され、社会の儀礼や規範の行為が絵画化され、もって固定化されたのがこの時代であったとも言えよう。この時代に、それまでの過去が新しい記録媒体によって固定化されたからこそ、現代に至るまでの後代の者はその恩恵を直接に享受できるのである。ただし一方でその固定化は、神々の息吹が耳朶に懸かるが如くに直に人々に囁き働きかけていたであろう従来の古代人の心性あるいは精神構造を、徐々に弱体化してゆくことになったとも言える。前八世紀はギリシア文明の回復期であり再生の時代でもあるが、それ以前の古代人の心性の核となる、シュリーマンが掘りだした原始世界が、明確に変質していったのもこの頃からである。

東方化様式時代(前七〇〇年~六〇〇年頃)は、ギリシアがオリエント文明から多くの要素を受け入れた時代である。既に幾何学様式時代にもオリエントから輸入された品々はあったが、東方化様式時代にはギリシア文明がオリエントの生活風習、単語、神話・伝説等々を積極的に摂取することによって変容していった。西洋文明と日本の関係に置き換えたら、前者を江戸時代、後者を明治時代に喩えることができようか。陶器にも神話図像(獅子、豹やケンタウロス、ゴルゴン、キメイラ、ペガサス等)や装飾モチーフ(ロータス文、ロゼッタ文、螺旋文等)といった東方の諸要素の混入が、幾何学文様の中に著しく認められる。その東方化は地域によって差違が認められ、アテネ以外の地域、特にコリントスはでは東方化への移行が早く進み上質の陶器を極めて多く生産した。

【アルカイック、クラシック、ヘレニズム各時代から現代】

アルカイック時代はギリシア文明と美術がその独自の特徴を顕著に示すようになる時代である。そのギリシア美術の原理は生命の表現であり、それはクラシック時代にも益々様々な方法で追求された。激動のヘレニズム時代に美術はさらなる変容と革新を遂げた。しかし人体における生命の表現という普遍性ゆえに、アレクサンドロス大王の軍事遠征ゆえに拡大したヘレニズム世界において、またルネサンス時代から現代ひいては未来におけるまでの世界において、人間が生命の意義を問い続ける限り、ギリシア美術は人類の重要な古典となったのである。

〈芳賀　満〉

ホメロスとトロイア戦争

ホメロスは紀元前八世紀頃の人で、小アジア沿岸のキオス島生まれと伝わっている。そしてホメロスの叙事詩には、有名な「イリアス」と「オデュッセイア」がある。ほかにもトロイア戦争に関する作品では「キュプリア」「アイティオピス」「小イリアス」「イリオスの陥落」がある。作者は不明でホメロスの名も上がっている。しかし、実はホメロスに関して、現在でも様々な議論がなされている。「イリアス」と「オデュッセイア」も含めて、これらの作品すべてがホメロス作とするのは疑わしいという意見もあれば、ホメロス自身が本当に実在した人なのかどうか分からないという意見もある。後の時代の人が付け加えて完成されて行ったという考え方もある。

それはさておき、トロイア戦争はそもそもどうして起こったのか。その原因については、「キュプリア」という作品に描かれている。ある結婚式が行われたとき、エリスという不和・不仲の神だけが、その祝宴の場に呼ばれなかった。エリスは怒って、黄金のリンゴ(不老長寿のリンゴ)を祝宴の席に投げ入れた。そこには「世界で一番美しい方へ」と書かれていた。そうなると、その場にいた女神たちは、自分こそがそれに相応しいと主張しだす。なかでもヘラ(ゼウスの妻)、アテナ(知恵と戦いの神)、そしてアフロディーテ(愛と美の神)の三女神が激しく取り合った。最高神ゼウスはこの判定をパリスという青年の羊飼いに委ねようと言う。すると我先に女神たちはパリスに言い寄る。ヘラは世界の支配者にしてやろうとささやく。アテナはすべての戦争に勝利をもたらすと約束する。アフロディーテは、世界で一番美しい女性を妻にしてやろうという。アフロディーテ自身が非常に美しい姿をしていたので、悩んだ末に若いパリスはその魅力に負けて、アフロディーテに黄金のリンゴを渡した。選ばれなかった女神たちが激怒したことはいうまでもない。パリスはヘラとアテネを敵にまわすことになる。このパリスは実はトロイアの王子であった。パリスが生まれたとき「この子はいずれ国を滅ぼすことになるだろう」と予言され、恐れたトロイアの王プリアモスは、パリスを山に捨てた。パリスは羊飼いに拾われ、美しい青年に育っていたのである。

アフロディーテはパリスとの約束を果たした。パリスがギリシアのスパルタに行ったとき、スパルタ王メネラオスの妻、ヘレネという絶世の美女に心を奪われ、アフロディーテの力でパリスはヘレネをトロイアへ連れ帰ってしまった。当然、夫であるメネラオスは激怒する。メネラオスは、兄であるミケーネの王アガメムノンにこのことを伝え、アガメムノンの呼びかけでトロイア討伐のギリシア連合軍が結成される。たくさんの人物が登場するが、主な人物を挙げておく。ギリシア側はアガメムノンが総大将でミケーネの王である。メネラオスはその弟でスパルタの王である。その他、オデュッセウスやネストル、アキレウスが有名な人物として挙げられる。そしてトロイア側はまずは王プリアモスである。名君と謳われている。シュリーマンが発見したいわゆる「プリアモスの財宝」とよばれるものも、この名前からきている。そして、長男のヘクトル、その弟のパリスである。神々も分かれる。ギリシア側にはヘラとアテネは言うまでもないがポセイドンも味方し、トロイア側にはアポロン、アルテミス、アレス、そしてアフロディーテがいる。

「イリアス」はトロイア戦争が開始して一〇年目にあたる時から話が始まる。いわゆる「アキレウスの怒り」から「ヘクトルの葬儀」までである。アキレウスは向かうところ敵なしの剛の者で有名で、トロイア城の攻防戦でも活躍するが、最後は唯一の弱点であるアキレス腱を弓で射られて死んでしまう。アキレス腱という名称はこのアキレウスからきている。ヘクトルは聡明で非常に人徳のある人物だが、アキレウスと戦って死んでしまう。その二人の一騎打ちのシーンは非常に心打つシーンとして描かれている。

「イリオスの陥落」では有名なトロイアの木馬が語られている。ヘクトルの死後もトロイアは長らく持ちこたえた。力ずくでは無理と判断したギリシア軍は、オデュッセウスの知略で陥落させることにした。包囲を解く準備をしているかのようにみせて、アテナへの捧げ物だとして大きな一つの木馬を作り置いていった。実はその中にはたくさんの兵士がいた。トロイア軍はギリシア軍が引き揚げたと誤解し、城門を開け敵の軍営であったところを晴れ晴れしく歩き回った。そしてそこに置かれていた木馬が関心の的になった。戦利品として城内に持ち込もうという者もあれば、気味悪がる者もいた。祭司ラオコーンはギリシア人の詭計の恐ろしさを皆に説いた。まさにその時、不気味な事が起きた。海から現れた大蛇がラオコーンを絞め殺したのである。これをみたトロイアの人々は木馬に無礼を加えたから神々が機嫌を損ねたのだと解釈して、木馬を凱旋の歓喜とともに城内に引き込んだ。夜に木馬から出てきたギリシア兵が城門を開き、味方の軍勢を呼び入れ、祝宴で眠っていたトロイアの人々を襲い、トロイアは陥落する。

そして「オデュッセイア」は、トロイア戦争に勝って自国に帰っていく将軍オデュッセウスの話である。たどり着くまでに様々な奇怪な出来事に遭遇し、一〇年も漂流する。このように何らかの妨げで(ここでは神々の仕業)、英雄が漂流しながら問題を打破していく物語を貴種流離譚という。オデュッセウスは最後にようやく自国に辿り着き、帰りを待つ妻ペネロペと感動の再会をする。弟の復讐戦に立ち上がり勝利を勝ち取ったアガメムノンにとって、トロイア戦争そのものは不運だったと言える。長期戦で留守の間、妻のクリュタイムネストラは不義をしていた。ようやく帰還した彼は、慌てた彼女と不義の相手であるアイギストスによって、祝宴で殺されている。トロイア戦争の原因となったヘレネとその夫メネラオスはスパルタに帰り着いている。オデュッセウスの息子テレマコスが父をさがしながらスパルタに行った時は、メネラオス夫妻は彼を歓待している。

「イリアス」と「オデュッセイア」は翻訳され文庫になっている。「黄金満つるミケーネ」「城壁高きティリンス」「俊足のアキレウス」「勇名轟くヘクトル」と、見事な形容句を冠した名詞は心に残る。文学作品であるにもかかわらず正確な歴史的記憶を残していることはその後の考古学が実証してきている。ホメロスの叙事詩で言及された道具は彼が生きていた前八世紀の実物を反映したものと言われていた。アカイア人に使われる形容句「脛当美々しき」、「青銅を鎧う」は後の時代しかないはずのものだと思われていた。ところが、一九五三年にLHⅢ期の青銅脛当が、一九六〇年には同期の青銅鎧が出土した。ヒッタイト文書にはヒッタイトとミケーネとの間に起きた戦いが記録されている。そこにあるヒッタイト属国のウィルサがイリオスであろうという説が有力である。シュリーマンのみならず「ホメロスの叙事詩」に古代のロマンを感じる人は少なくない。

〈巽　善信〉

【ギリシア・ローマ美術】

シュリーマンは世界中をたいていは一人で旅して、いつもトロイアやミケーネの出土遺物と比較できるものを探し求めていたと言う。

遺物から多くの情報を引き出すことは現在も変わりない。実物資料ならではの真実を語りかけてくれる。

四耳脚台付壺

前3200–2900年　ギリシア・キクラデス諸島

高19.3cm　大理石

胴部の四方から突き出た垂直の耳部には小孔が穿たれていて、吊り下げられるようになっている。白く輝き、重量感のある大理石製容器は実用ではなく祭祀用であった。

把手付杯

LH Ⅰ期（前1680–1600年頃）　ギリシア

高5.7cm　口径12.6cm　金

胴部がやや膨らんだ円錐形の金杯である。把手は1つで、2本の鋲で固定されている。底部は欠損している。平底にしては狭く、おそらく脚部が付いていたと推測される。ミケーネ円形墓域Aからも金杯が20点近く出土しており、豪華なミケーネ文化の一端を今に伝える。ミケーネ出土例で単把手金杯を見ると、多くは平底とやや器壁が外に開いた円筒形の胴部からなるいわゆるヴァフィオ・カップ（Vapheio cup）だが、やや膨らんだ円錐形胴部で丸底という例はみられない。その代わりやや膨らんだ円錐形の胴部の下に脚台の付いたゴブレットなら第Ⅳ号墓と第Ⅴ号墓から出土している。本例もゴブレットであったかもしれない。円形墓域Aは1876年にシュリーマンが発掘した。ホメロスが『イリアス』で「黄金満つる」と形容したミケーネが現れた瞬間であった。

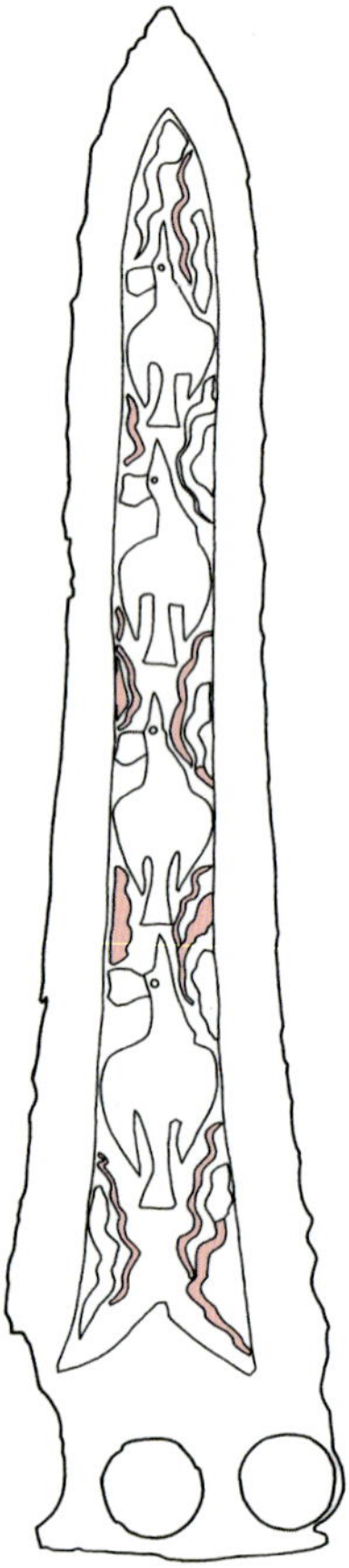

赤色は象嵌が残っている部分

鳥文短剣

LH Ⅱ期（前1600-1420年頃）　ギリシア・伝ピュロス出土　長18.2cm　青銅　鍍金　銀象嵌

ペロポネソス半島南西部ピュロス遺跡から出土したと伝えられる青銅短剣である。短い茎《なかご》部には鍍金された2つの留具が現存しており、柄が取り付けられていたことが分かる。剣身の中央には、剣先に向かって雲を引き裂くように飛翔する4羽の鳥が描かれている。この図柄は「金属による絵画」と称されるニエロ技法を用いて装飾されている。図柄となる銀の切片を基胎部に配置してニエロ（銀・銅・鉛・硫黄・塩化アンモニウムの合金）の粉末で覆い、熱を加えて粉末を溶かす。冷却後に銀部分がきれいに現われるまで表面を磨くと、黒色をしたニエロを背景に銀の絵画が浮かび上がるのである。このような見事な象嵌装飾のある短剣はこれまで約20点しか知られていない。そのほとんどはギリシア国内にあるが、それ以外ではデンマーク国立博物館所蔵品と本例の2点しかない。同じように飛翔する鳥を描いた類例がアルゴス地方にあるプロシムナの第Ⅲ岩室墓から出土しており、それはLH Ⅱ期に年代づけられている。

ホメロス叙事詩『イリアス』によると、ギリシア側武将ネストルはピュロスの王である。またミケーネ円形墓域Aから獅子狩りを描いた短剣など類例が合計6点出土している。ギリシア軍総大将アガメムノンはミケーネの王であった。両雄がいたミケーネとピュロスに相応しい短剣と言えまいか。

鐙壺

LH Ⅲ A2-LH Ⅲ B 期
(前 1370-1190 年頃)
ギリシア　高 12.7cm
彩文土器　轆轤成形

卵形の胴部に2つの把手と1つの注口を持つ。ミケーネ土器の代表的な器形で、把手の形状が鐙に似ていることから鐙壺と呼ばれている。頸部下方には植物文が簡略化され短い線で表現されている。胴部には重層する水平線文がロクロを使って描かれている。鐙壺は注口に小さな栓をすることで内容物の品質を留めるため、ワインやオリーブ油の容器として使用された。

牛像

LH Ⅲ B 期(前 1310-1190 年)
ギリシア　高 6.8cm　土
彩文　手捏ね成形

2本の湾曲した角と三角錐の顔、細長い胴部と短い足からなる牛像である。本例のような牛像は女神像とともに、ミケーネの祭祀遺構から出土している。ティリンスからも出土しており、報告書図版XXIVで2点図示されている。

幾何学文アンフォラ

前 8 世紀頃　ギリシア　高 48.2cm　彩文土器　轆轤成形

空間恐怖症のように一面に文様が描かれている。肩部に 2 頭の馬と手綱を引く人物、頸部にはメアンダー文（ギリシア雷文）とその下に 1 列の水鳥文様帯が描かれている。胴部には縦目文と重層する水平線文が施されている。人物や動物が文様の中心を占めるのが後期幾何学様式の特徴である。この時期の大型アンフォラは主に遺骨を納める容器として用いられた。原則として頸部から肩部につながる垂直把手があるのは男性用、肩部に水平把手があるのは女性用骨壺であった。したがって本例は男性用であるが、手綱を引く人物はなぜかスカートらしきものをはいている。しかし、このように三角形を上下に重ねて胴部と腰部を表現した兵士はしばしばこの時期の土器に描かれているので、女性表現と断定することもできない。

コリントス式兜

前7-6世紀　ギリシア・コリントス
高26.7cm　青銅　打ち出し　毛彫り

古代ギリシアで使われた兜のうち、目・鼻・口にかけてT字形の開口部があり、額中央部から下方に伸びた細長い鼻当てがあるものをコリントス式兜と呼ぶ。女神アテナが被っていることで有名である。他の類例と同様に1枚の青銅板で打ち出して成形されている。首当て部がC字形に外反しているなどの特徴から前7～6世紀の作例と分かる。

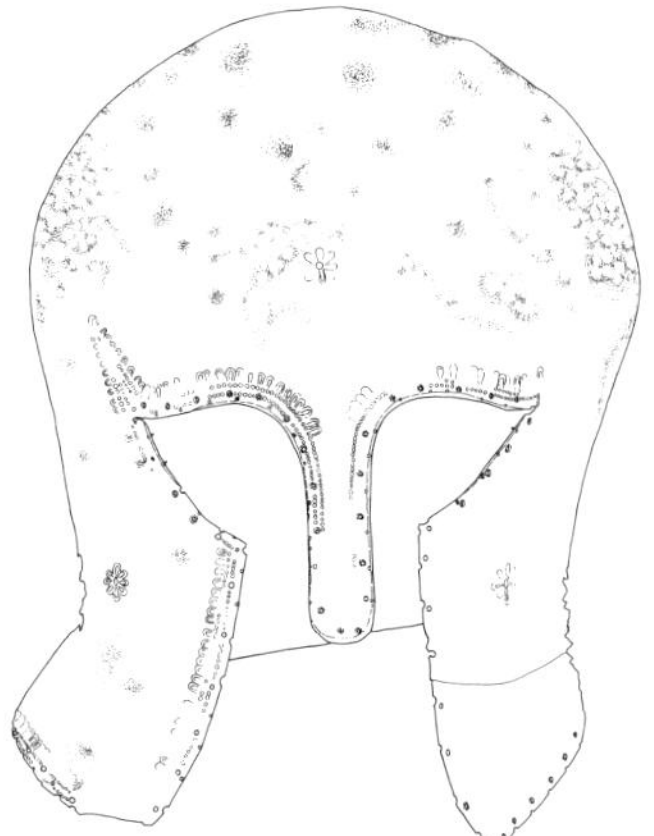

青銅製兜

コリントス式アラバストロン

前7-6世紀　ギリシア・コリントス
高23.2cm　彩文土器　轆轤成形

胴部は下部が張り出し細長い卵形をなしている。パルメット文とロータス文を蔓でつなげた文様を胴部に描いている。その空白部を埋めるようにロゼット文が配されている。細部を引っ掻いて表現するというコリント式特有の技法は、後の黒像式に取り入れられる。

コリントス式アリュバロス

前7-6世紀　ギリシア・コリントス
高9.0cm　彩文土器　轆轤成形

アリュバロスはコリントスで考案された器形で、主に男性が用いた香油瓶である。平たく開いた口縁部にはロゼット文と連珠文、胴部には羽を大きく広げて羽ばたくセイレンが描かれている。セイレンは女性の顔と鳥の体を持つ。セイレンの歌声は甘く美しく、聴いた者は陶酔し、混乱に陥るとされていた。サイレンの語源はセイレンに由来する。オデュッセウスは女神キルケの予言に従ってセイレンの歌声を聞いている(『オデュッセイア』第12歌)。オデュッセウスは船員たち全員に耳を密蝋で塞ぎ、耳栓をしないで帆柱の根元に立つオデュッセウス自身を動けぬよう厳しく縛りあげるように指示した。セイレンが美しく歌う中、オデュッセウスはもっと聴きたくて縄を解くよう促したが、聞こえない船員たちは一心に漕ぎ続けたのでセイレンをやりすごすことができた。

黒像式ヒュドリア

前6世紀頃　ギリシア
高24.5cm　彩文土器　轆轤成形

ヒュドリアは側面に2つ、背面に1つの把手を持つ。肩部にはロータス文、胴部には2頭の獅子を従える1人の女性が描かれている。この女性は狩猟の女神アルテミスの可能性がある。コリントス式の技法を取り入れて黒像式を開発したのはアッティカ地方の人々であった。

女神立像

前7-6世紀　ギリシア・ボイオティア地方
高21.2cm　土　彩文　手捏ね成形

「ネズミ顔」とも「鳥顔」とも称される高い鼻が特徴的なテラコッタ像である。肩から突き出した三角形の突起は両手を広げる様子を表す。渦巻状の飾りがついたポロス（冠）を被り、髪は肩までたらしている。足もとまで覆う長い着衣を羽織り、ペンダントを身に付ける。両手を広げるしぐさはミケーネ時代に盛んに製作された女神像を想起させる。

女神座像

前7-6世紀　ギリシア・ボイオティア地方
高14.7cm　土　彩文　手捏ね成形

頭から肩までの特徴は前掲資料と非常によく似ているが、本例は4つの脚が付いた長方形の椅子に腰掛ける座像である。両手を広げる様子を表した突起は、わずかに内側に折り込まれている。本例と同様の座像には、赤子を抱いた例も見られることから、大地と豊穣の女神であるデメテルとの関連が指摘されている。

女性立像

前6世紀後半　ギリシアまたはイタリア
高18.3cm　土　型成形

5つの大きな円盤が付いたポロスを被る女性像である。右手にはおそらく植物、左手には竪琴を持つ。竪琴の上部は欠損している。首元には3連の首飾りを付ける。口角がわずかに上がり、アルカイック・スマイルを浮かべている様子が分かる。

騎馬人物像

前6世紀頃　ギリシア・ボイオティア地方
高10.9cm　土　彩文　手捏ね成形

馬の背丈は高く、顔・たてがみ・四肢・尾は単純なつくりである。馬の全身には黒褐色の縞模様が描かれている。ミケーネ時代の牛像にみられる彩文と類似しているともいえる。騎乗する人物もごく単純なつくりで、目・開かれた口・首・両腕・腰が表現されているのみで、脚は省略されている。類例には、ボイオティア地方のタナグラから出土した大英博物館所蔵品(1912.6-26.271)などがある。本例のような騎馬人物像の用途については、子供用の玩具とする説もあるが、死者の埋葬と関連づける説もある。

男性立像

前5-4世紀　ギリシア・ボイオティア地方
高25.5cm　土　彩色　型成形

右脚を支脚、左脚を遊脚としたクラシック時代にみられる典型的なポーズをとっている。肌は赤褐色、肩に羽織る1枚のマントは白色で彩色されている。背面には10cm×4cmの穴があいていて、頭以外は中空である。頭・前面・背面がそれぞれ型で成形され、接合されている。胎土はベージュ色できめ細かい。

人物像頭部片

前6世紀後半　イタリア
高13.4cm　土　型成形

アルカイック・スマイルを浮かべるテラコッタ人物像断片である。目尻の上がった細長い目、下方を見据える突き出した頬と顎が特徴的である。顔面の表現だけを見ると、アテネのアクロポリスのコレー像（No.670、673）の特徴とよく似ている。胎土はオレンジ色で細かい。

赤像式オイノコエ

前330年頃
イタリア・カンパニア地方
高32.5cm　彩文土器　轆轤成形

上下は連続波頭文、左右は細長いパルメット文で囲まれた長方形の区画に、青年と有翼のエロスが向かい合っている。青年はおそらくディオニュソスで、右手には小物を左手にはリースを持つ。エロスは左手に供物皿を持ち、小さな珠を連ねた鎖を肩から腿のあたりまで掛けている。青年とエロスの間には、リースとタイニア（リボン）が描かれている。カンパニア陶器の画家「アヴェルサの画家」または「ナポリのヒュドリアの画家」の表現に似ている。

赤像式オイノコエ

前 350-340 年頃　イタリア・カンパニア地方
胴径 22.0cm　彩文土器　轆轤成形

右手で馬を引き、左手に槍を持った青年にキトンを着た女性がスキュフォスを差し出している。戦いを終えて帰還する戦士を迎えているのか、それとも戦へ旅立つ戦士を送っているのか、いずれとも決めかねる場面である。口縁部と把手は後補である。カンパニアの「アーチャーの画家」が絵付けしたオイノコエと同じタイプと考えられ、類例から本来は三つ葉の口を持っていたと推定される。

赤像式ベル形クラテル

前 430 年頃　イタリア・ルカニア地方
高 22.8cm　彩文土器　轆轤成形

オリーブの葉を表現した植物文を口縁部直下に、メアンダー文を胴部下部に配して、主文をその間に描いている。写真に見えるのはディオニュソスの従者である 1 人のマイナスと 2 人のサテュロスである。マイナスはキトンの上にヒマティオンをまとい、右手に角杯、左手にテュルソス(ディオニュソスの杖)を持つ。左のサテュロスはオイノコエを持って踊っている。右のサテュロスも同様に酒に酔って踊る様子が描かれている。裏面にはヒマティオンをまとった 3 人の青年が描かれている。宴会へ行く道中か、あるいはその帰宅途中であろうか。ギリシア本土のアッティカ陶器の影響を強く受けた、初期ルカニア派の「ピスティッチの画家」に推定されている。

赤像式パテラ

前 340-330 年頃　イタリア・アプリア地方　口径 35.2cm　彩文土器　轆轤成形

パテラは脚台付浅鉢で、パテラは儀礼や婚礼に使用され、花嫁の調度品としても好まれた。金属製品を模しているようで、口縁部に取り付けられた2つの把手には、鋲の名残を表す突起装飾がある。見込み部分には右手に鏡、左手に杯と葡萄の房を持って腰掛ける女性が描かれている。髪を後ろで束ね、1枚のキトンを身につけている。衣服の襞《ひだ》が美しく描かれており、優雅な印象を与える。衣服や髪の表現から「ボローニャ C572 の画家」もしくは「ヴュルツブルク 869 の画家」によるものと推定されている。

B 面

A 面

赤像式渦形クラテル

前 4 世紀頃　イタリア・アプリア地方　高 48.0cm　彩文土器　轆轤成形

双把手の渦部分が魔除けの意味を持つゴルゴネイオンで飾られたクラテルである。A 面には墓辺図が描かれている。イオニア式建築は墓で、その中に坐る男性は被葬者である。右手に松明、左手にはアリュバロスを持つ。左側の背景には先の尖った兜とタイニアが掛かっている。墓も死者も通常白で描かれる。生者とは別世界であることを示している。B 面にはキスタと呼ばれる容器と鏡を持って左方へ走る女性が描かれている。死者とは対照的に生き生きとした表現になっている。「ヴュルツブルク 856 の画家」の後期作品の作風に近いとされている。

B 面

A 面

赤像式アンフォラ

前 4 世紀頃　イタリア・カンパニア地方　高 59.6cm　彩文土器　轆轤成形

A 面には墓辺図が描かれている。イオニア式建築の墓の中にマントを敷いて坐る男性は被葬者で、右手に供物が盛られた皿、左手に 2 本の槍を持つ。右側背景にはタイニアが掛けられ、床にはオイノコエがある。また墓の両脇にはカラトスと呼ばれる籠が 1 つずつ置かれている。死者も墓も白く描くのは、大理石の墓碑彫刻から来るもので、生者とは別世界であることを示す。B 面にはヒマティオン着衣の男性 2 名が描かれている。右の男性はキスタ（籠）を持っていたが、破損していてその描写は損なわれている。アプリアの「ヴュルツブルク 869 の画家」の作例と推定されている。

赤像式吊手付アンフォラ

前 350-325 年頃　イタリア・カンパニア地方
高 33.1cm　彩文土器　轆轤成形

カンパニア陶器独特の器形である鍋づるのような把手を持ったアンフォラである。両面にそれぞれ 1 人の人物、その間にはパルメット文が描かれている。一方の面には、髪飾りをして右肩をはだけるようにマントを被った女性が岩の上に座している。もう一面にはマントをすっぽり被った青年が左手に花冠を持って立っている。女性が座している大きな斑点のある岩表現や顔、マントの表現などから「カイヴァーノの画家」に推定されている。

女性座像

前 4-3 世紀頃　ギリシア・ボイオティア地方
高 17.4cm　土　彩色　型成形

左手で墓碑を抱き、右手につかんだヒマティオンで顔を覆い、嘆き悲しむ女性像である。墓碑の前には供物を入れるクラテルがある。

A面

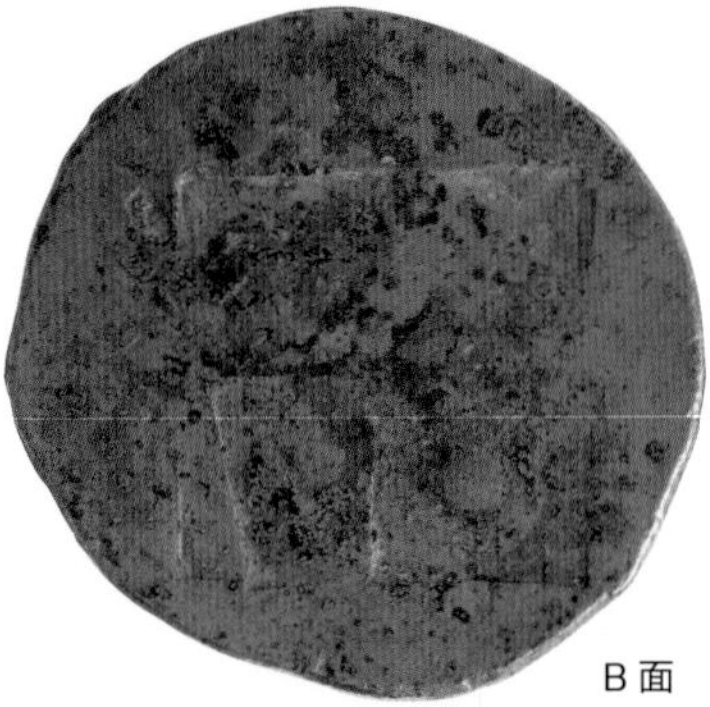

B面

銀貨（ヘルメスと雄牛）

前4世紀後半　マケドニア

径3.0cm　重15.4g　銀　鋳造　打刻

A面はヘルメスと雄牛、B面は4つの四角形が打刻されている。ヘルメスはつばの広い帽子を被り、右手に伝令の杖ケリュケイオンを持つ。知能に優れ、商業の神とされるヘルメスと、富を象徴する牛の図は貨幣の題材には好まれたと思われる。

A面

B面

銀貨（アレトゥーサと馬）

前5-4世紀　イタリア・シチリア島

径2.6cm　重16.9g　銀　鋳造　打刻

A面はニンフのアレトゥーサとイルカ、B面は馬の頭部と椰子。アレトゥーサはオリュンピア付近を流れるアルペイオス川で水浴びをしていた時、河の神に見初められたが、海を越えてシチリア島まで逃れ、泉に姿を変えた。泉と馬はポセイドンとの関連が深い。

A面

B面

銀貨
(アテナとペガサス)

前4世紀後半
ギリシア・コリントス
径2.0cm　重8.4g
銀　鋳造　打刻

A面はコリントス式兜を被るアテナ、B面は翼を広げて飛翔するペガサス。ペガサスの足下には、コリントスで発行されたことを示すギリシア語の“q”(コッパ)が記されている。

A面

B面

銀貨(アテナと梟)

前4世紀頃
ギリシア・アテネ
径2.4cm　重14.1g
銀　鋳造　打刻

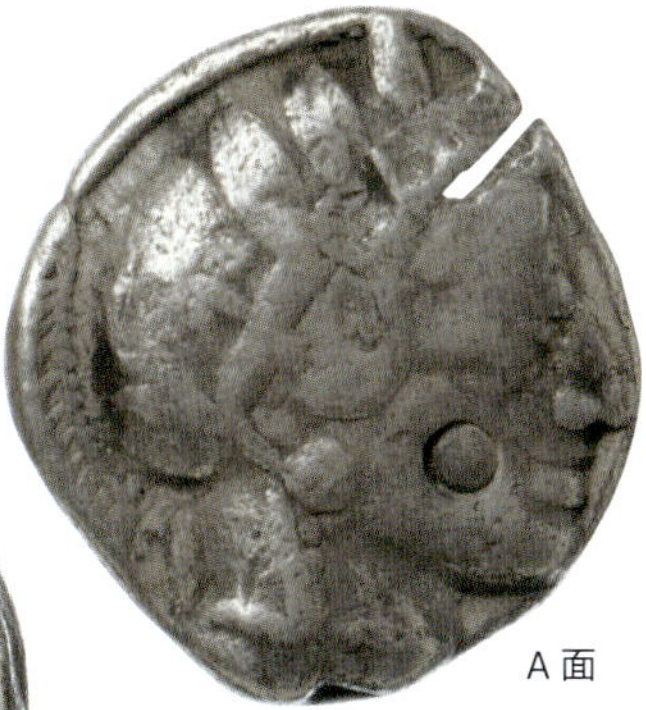

A面

B面

銀貨(アテナと梟)

前4世紀頃
ギリシア・アテネ
径2.5cm　重17.0g
銀　鋳造　打刻

A面はオリーブの葉冠を被るアテネ、B面はアテネの聖鳥である梟。B面にはアテネで発行されたことを示す“Α Θ Ε”がある。品質を確認するためのテストカットの跡がある。

手鏡

前3-2世紀　イタリア・トスカーナ地方
長26.8cm　鏡面径12.1cm　青銅　鋳造　毛彫り

ギリシア美術の影響を受けたエトルリアの手鏡である。鏡面は凸レンズ状に少し膨らんでいる。背面にはギリシアの神々が毛彫りされている。神殿の中で、中央に座るのは髭を生やしたゼウス。錆びて左半身は判然としないが、おそらく玉座の肘当て左肘を当ててもたれかかっているのであろう。その左脇には羽根飾りの付いた冠を被るヘラの頭部が見える。ヘラの横にはつばの広い帽子を被ったヘルメスが描かれている。また右脇にはアテナとアレスが描かれている。アレスは左手に槍を持って座っている。

青銅製手鏡

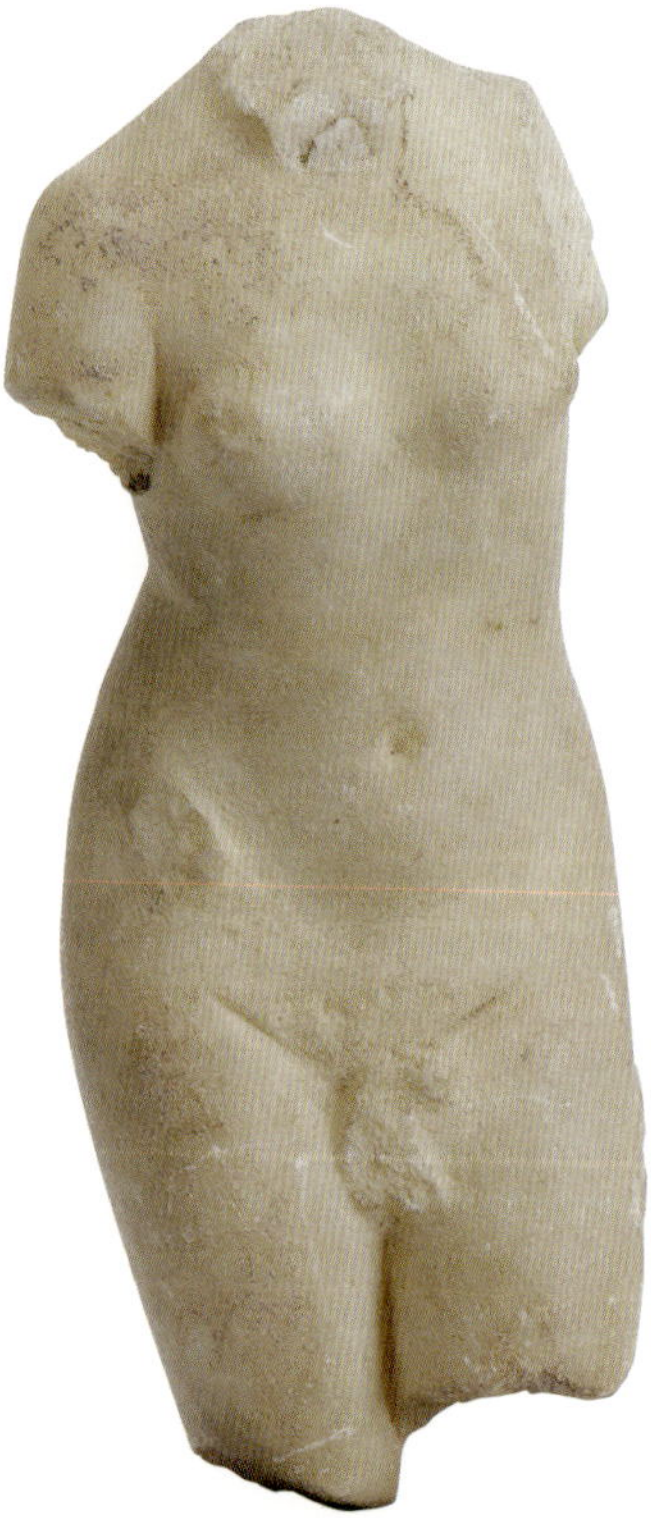

トルソ

ギリシア　前3-後1世紀頃
高23.4cm　大理石

右足に重心を置き、左足を前に出している様子がわかる。一見して艶めかしい女性像で、右手で股間を隠すアフロディーテ（ヴィーナス）であろうと思う。しかし、乳房と男根を備える両性具有の可能性もある。美しい青年に恋をした泉の精が、永遠に一体になりたいと神々に願った結果、両性具有の姿になったと伝えられている。

第三章

ティリンス遺跡と原画

一八八四年にシュリーマンは盟友デルプフェルトとともに
ティリンス遺跡発掘を始める。
人生も仕上げの時期を迎えての大事業であった。
翌年には発掘報告書を発刊した。
この章ではティリンスはいかなる遺跡なのかを解説するとともに、
報告書作成に使われた原画を紹介する。

ティリンス遺跡

【ティリンス遺跡】

紀元前十七世紀から十二世紀にかけてギリシア本土とエーゲ海に展開していた後期青銅器時代の文明は、シュリーマンが一八七六年に竪穴墓を発掘したミケーネを標式遺跡として、ミケーネ文明と呼び慣わされている。ミケーネ文明世界は、いくつかの小王国から成っていたが、それぞれの王国の中心地では、しばしばトロス墓(細長い通路、幅の狭い入口、円形の主室から成る石造墓)のような支配層のための大規模な王墓が営まれたばかりではなく、その最盛期にはメガロン(前庭部、前室、主室が直線的に並ぶプランを特徴とする独立建築物)を備えた宮殿コンプレックスが発展し、その周囲にはキクロペス様式として知られる巨石を積み上げた堅固な城壁がめぐらされていた。宮殿は、その支配する王国で生産された物資や交易によって獲得された奢侈品の集積と再分配の拠点であり、このような活動は線文字Bと呼ばれる文字を粘土板に刻む記録システムによって一元的に管理されていた。これらの王国相互の、また海を越えた他の文明圏(新王国時代のエジプトなど)との交流も活発であり、それらは様式的にきわめて斉一で質の高いミケーネ土器の広汎な分布によって裏付けられている。

このようなミケーネ文明の王国の中心地だったと考えることのできる場所、すなわち発掘によってメガロンの遺構や線文字B粘土板が出土している遺跡、あるいは巨大なトロス墓やキクロペス様式の城壁から宮殿の存在が推測されている遺跡としては、主だったものだけでも、以下のようなところをあげることができる。まずギリシア本土では、近年線文字B粘土板が発見されたテッサリアのイオルコス、後の聖域デルフィの近くにあるクリサ、シュリーマンがトロス墓を発掘したオルコメノス、コパイス平野の独立丘を長大な城壁で囲んだグラ、オイディプス伝説で名高いボイオティアのテーベ、後にパルテノンが築かれることになるアテネのアクロポリスなど。ペロポネソス半島では、アルゴス平野のミケーネ、ミデア、ティリンス、それにスパルタ平野のメネライオン、神話世界では老雄ネストルの居城とされるメッセニアのピュロスなど。さらに、ミケーネ文明に先立ってミノア文明が繁栄していたクレタ島では、クノッソス、ハニアなど。しかし、これらの遺跡の中でも、この時代の宮殿の様相がもっとも詳細に解明されているのが、一八八四年から翌年にかけてシュリーマンがデルプフェルトとともに発掘したティリンスである。

ティリンスの遺跡は、アルゴリス湾の海岸線から一七〇〇メートルほど内陸に位置する、長さ約三〇〇メートル、幅約四五～一〇〇メートルの低い岩山の上に広がっている。ここからは新石器時代の遺物も出土しているが、この丘に初めて相当規模の集落が営まれたのは、前三千年紀の初期青銅器時代の中頃のことだったらしい。丘の頂上にあるミケーネ時代の宮殿主体部の直下から検出されている直径約二八メートルの巨大な「円形建築物」の遺構は、この時期のティリンスが、「瓦屋根の館」で知られるレルナなどと並ぶアルゴス平野の拠点的な集落の一つだったことを示している。

その後、ティリンスでは中期青銅器時代を通じて居住が継続され、ミケーネ時代の初期までにはフレスコ画で飾られた中心的な建築物が存在していたことも確認されている。しかし、城壁によって囲まれたアクロポリスに宮殿が営まれていた状況を具体的に遺構から跡づけることができるのは、ミケーネ時代の後期初頭（ＬＨⅢＡ1）になってからのことである。この時期の宮殿の範囲は、アクロポリスの最高所（上市）

初期青銅器時代の円形建築物遺構

ティリンス平面図
A：LH Ⅲ A1 期、B：LH Ⅲ B1 期、
C：LH Ⅲ B2 期

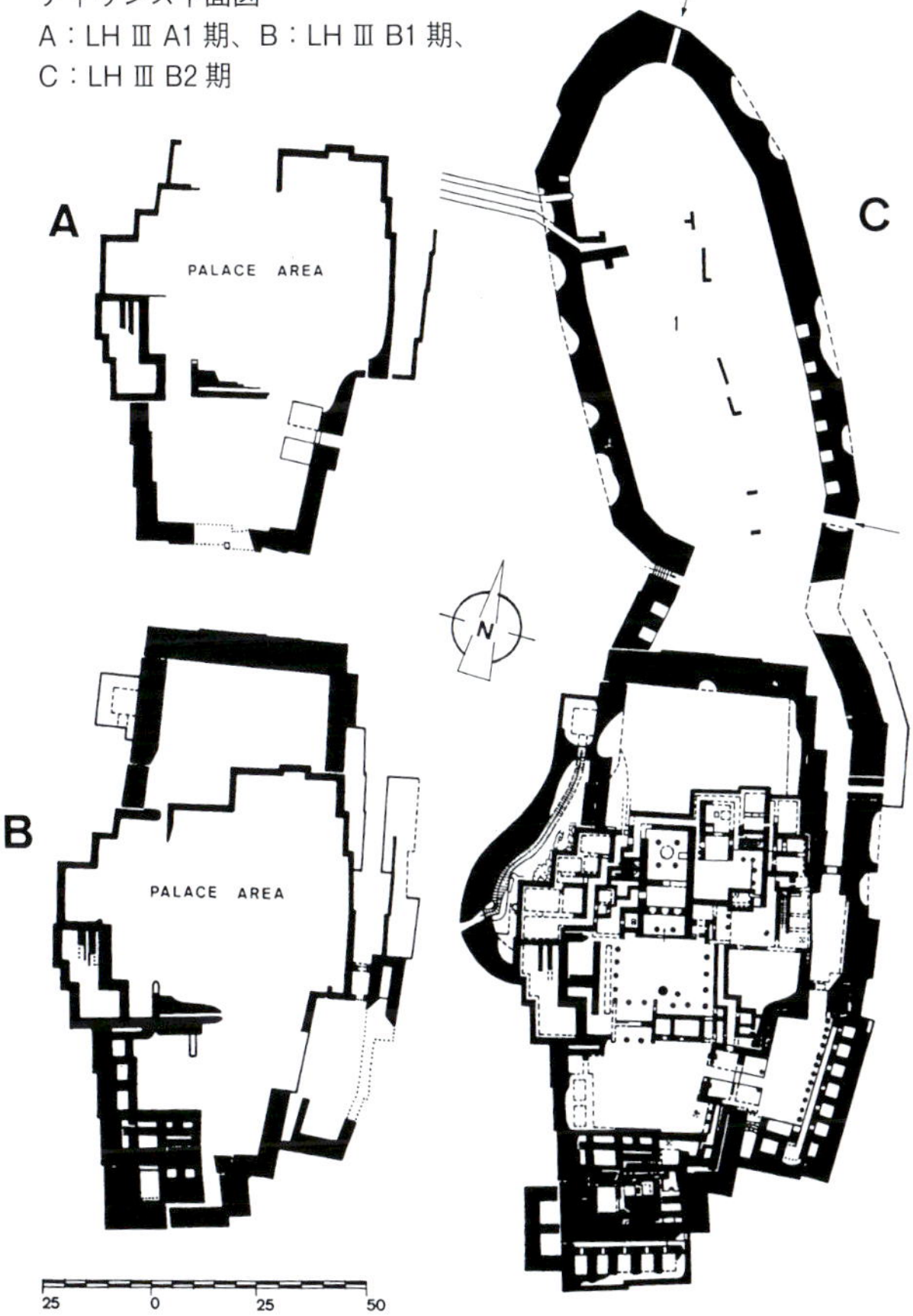

に限定されており、その周壁は比較的小ぶりで直方体に近い形に整えられた岩を積み上げて構築されている。ただし、宮殿の内部構造については、中心的なメガロンと副次的なメガロンから構成されていたこと以外、あまりよく分かっていない。

やがて、おそらく前十三世紀になって間もなく(LHⅢB1)、頂上部の北側の一段低くなった部分、現在では中市と呼ばれている区域が城壁内に取り込まれることになった。これと並行して、宮殿域の東側に沿って北から斜面を登ってくる通路が整備されたが、このアプローチの基本構造は、宮殿が最終的に崩壊するまで維持されることになる。

ギリシア各地のミケーネ文明の宮殿では、いずれもその崩壊の直前の時期に城壁の拡張を伴う要塞化の動きが観察されるが、ティリンスもその例外ではなかった。この段階(LHⅢB2末)に至って、中市のさらに北に向かって舌状に伸びている丘の低い部分(下市)を含め、丘の全体が厚さ七メートル以上にも達する堅固な城壁によって囲まれたのである。下市から上市に通じるスロープの途中には、ミケーネのライオン門を想起させる規模と様式の城門が新たに設けられ、宮殿域を侵入者から守る役割を果たしていた。このスロープを南に向かって登っていくと、宮殿域の玄関に面した広場に出るが、その東側の下には、ミケーネ時代の優れた建築技術を伝えていることで名高い地下ギャラリーの遺構がある。この時

東ギャラリー

城門跡

西側の湾曲した城壁

期には、アクロポリスの西側でも大きく湾曲した分厚い城壁によって張り出し部分が拡張され、そこには城壁を貫通する狭い通路から中市にまで達する長い石段が設置された。

スロープの突き当たりから正面玄関を通って北に折れると、そこには生石灰で床面が固められた平坦なアクロポリスの最高部が広がっている。その中心に位置しているのが、ティリンス王の支配の座、すなわち宮殿主体部に相当する大メガロンである。ほぼ正方形をしたメガロンの主室の床面は漆喰で覆われ、格子状に小さく区画されたその表面は、交互に様式化されたタコとイルカの図柄によって美しく装飾されていた。この時代のメガロン主室の常として、中央には四本

西側にある石段

メガロン跡

地下貯水槽への入口

の柱に囲まれた円形の大きな炉があり、入り口から見て右側には、東壁に接して玉座が置かれていたものと推測されている。この大メガロンの北東からは、おそらくより早い段階に構築された小メガロンの遺構も検出されている。

　この時期の要塞化された宮殿には、しばしば籠城時への備えと考えられる秘密の地下貯水槽が存在するが、ティリンスでも下市の北西端近くで、城壁外にまで続く地下貯水槽への通路が発見されている。このような施設は、巨石を積み上げた大規模な城壁ともども、崩壊直前の宮殿が長期的な戦争の危機にさらされていたことを示している。しかし、そのような対策も空しく、他のミケーネ文明の諸王国の中心地と同様、ティリンスの宮殿主体部は前一二〇〇頃に何らかの原因によって焼け落ち、その後は一部(しばしば幾何学文様期のものと誤解されてきたミケーネ時代末期のメガロンなど)を除いて再建されることはなかった。

　前一千年紀に入ってからのティリンスの歴史については不明な点が多いが、ティリンス出土の前七世紀後半のものとされる各種の役人の職務を規定した碑文は、他の地域的な共同体の場合と同じように、この頃のティリンスが都市国家としての体裁を整えつつあったことを示している。独立した都市国家としてのティリンスが最後に活躍したのは、ペルシア戦争中の前四七九年のことだった。このとき、ペルシア軍と対峙すべく中部ギリシアのプラタイアイに集結したギリシア軍の中に、ミケーネ人とティリンス人の合同部隊四〇〇名の兵士の姿があったのである。その後間もなく、ティリンスは隣国アルゴスによって併合され、歴史から姿を消していくが、この遺跡そのもの、とりわけその巨石を積み上げた城壁の存在は、決して人々の記憶から失われることなく、後世まで関心の的であり続けた。後二世紀にこの地を訪れたパウサニアスは、ギリシア人がエジプトのピラミッドのような外国のものばかりに驚嘆し、オルコメノスのミニュアスの宝庫(実際にはミケーネ時代のトロス墓)やティリンスの城壁には目もくれないと不満をもらしているが、それは逆にパウサニアスのような著作家にとって、いかにティリンスが注目すべき史跡であったかをよく物語っている。

　近世になっても、荒涼としたアルゴス平野に廃墟をさらすティリンスの遺跡は、旅行家たちが好んで訪れる名所旧跡の一つとなっていた。そのような旅行家たちの驥尾に付して、一八六八年に初めてこの地を踏んだのが、シュリーマンだったのである。彼は一八七六年の初夏に数日間ティリンスを試掘した後、一八八四年から翌年にかけて本格的にこの遺跡を発掘した。トロイアで層位が錯綜したマウンドの発掘に四苦八苦したシュリーマンにとって、最終段階の宮殿の床面が容易に識別できるティリンスの発掘は決して困難なものではなかった。しかし、その宮殿の全容が正確に把握され図面化されるにあたっては、デルプフェルトによる貢献がきわめて大きかったことは言うまでもない。

ティリンスの風景　カール・ロットマン（1834〜50）画

　ティリンスでは、その後も主にドイツ考古学研究所を中心として調査が行われてきているが、中でも現在、特に注目を集めているのが、城壁外の状況である。というのも、近年の調査を通じて、ティリンスでは宮殿崩壊後の時期（ＬＨⅢＣ）にも城壁の外に都市域が広がっており、それを構成する家屋の基礎部が、おそらく大規模な洪水によって運ばれてきた土砂の堆積の上に据えられている事実が明らかになったからである。アルゴス平野の東側には数多くの渓谷が発達し平野部を深く侵食しているが、かつてティリンスの北東からもそのような渓谷の一つがアクロポリスの北をかすめて海に注いでいた。しかし、この渓谷はミケーネ時代の後期にたびたび洪水と土石流を引き起こし、ティリンスの住民を苦しめていたらしい。そこで、当時の人々は上流に大規模なダムを築いて渓谷を塞ぎ、南西に向けて新しい直線的な放水路を大々的に掘削したのである。おそらく地震に起因すると考えられているＬＨⅢＢ末の宮殿の崩壊とこのティリンスのダムの建設との因果関係、及びこの時代に想定されている環境破壊の評価をめぐっては、なお活発な議論が続けられているが、ティリンス遺跡の調査は、今後もミケーネ文明の盛衰に関して貴重なデータを提供し続けることであろう。

〈周藤芳幸〉

からインクで描いている。後から鉛筆部分が消されたようで、その痕が残っている。トリミング枠の外側までインク描きの図は続いていたが、枠に沿って消された跡が残っている。遺構個所には遺構名を書いている。初版本では、遺構に通し番号が付けられている。右下に、それぞれの番号に遺構名を書いて列記している。

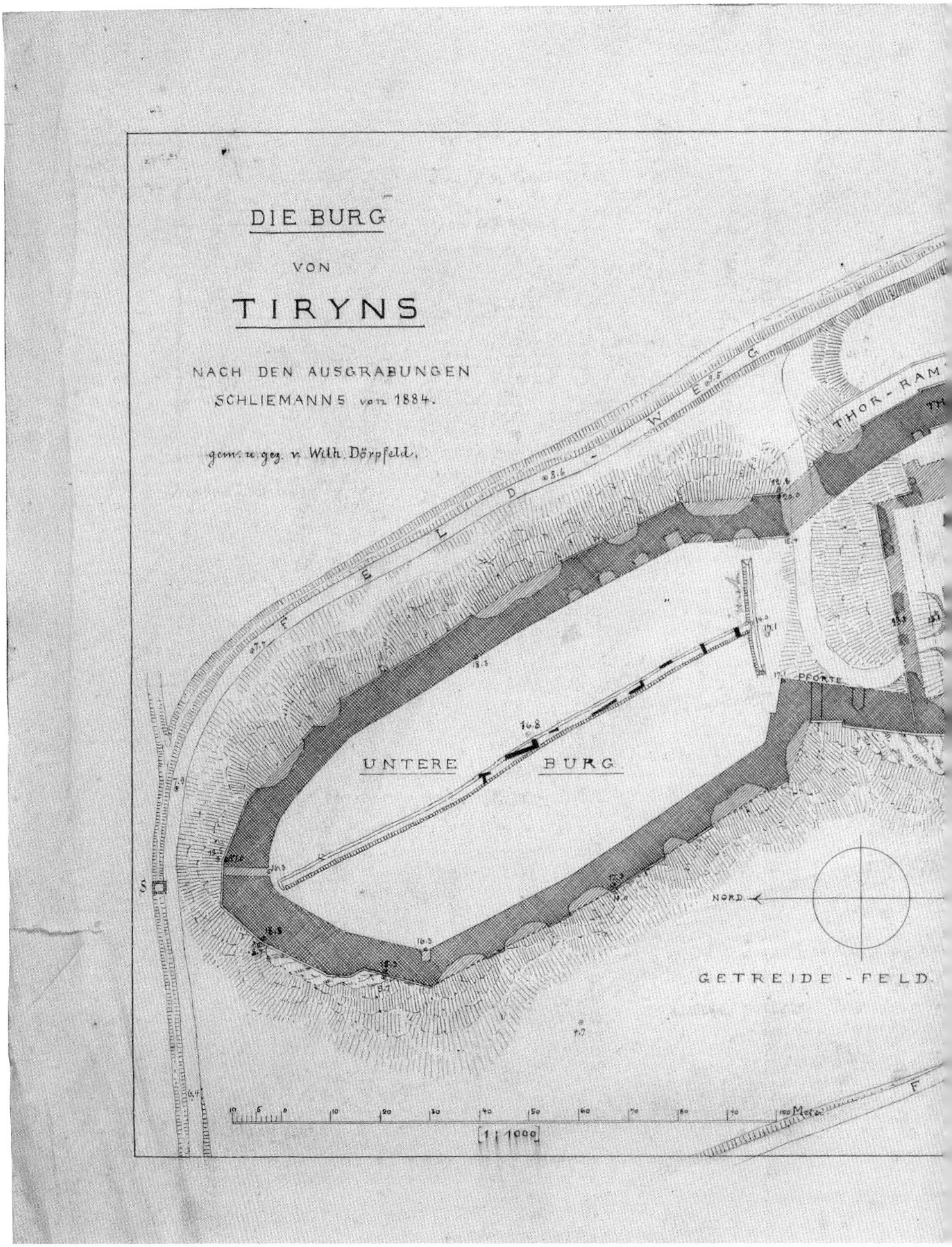

図版Ⅰ「要塞ティリンスの平面図」原画

25.2cm×39.8cm

（図面のトリミング枠 20cm×34.6cm）

1884年にデルプフェルトが作成した平面図。建築家でもあるデルプフェルトならではの正確さがある。考古学が産声を上げて間もない黎明期で、この図面は驚異的としか言いようがない。鉛筆で下描きして

N. 2
DIE OBERBURG
VON
TIRYNS.
aufgenommen im Mai 1884 von
W. DÖRPFELD.
Zeichen-Erklärung:
= Hauptweg zur Oberburg
= Wasserleitung oder Kanal
= offener Hof
MAUER
VORPLATZ
GROSSES PROPYLAION
GROSSER VORHOF
NEBEN-THOR
ALTAR
KLEINES PROPYLAION
BYZANT. KIRCHE
Obere Gallerie
Untere Gallerie
FESTUNGS-MAUER
FESTUNGS-MAUER
THURM

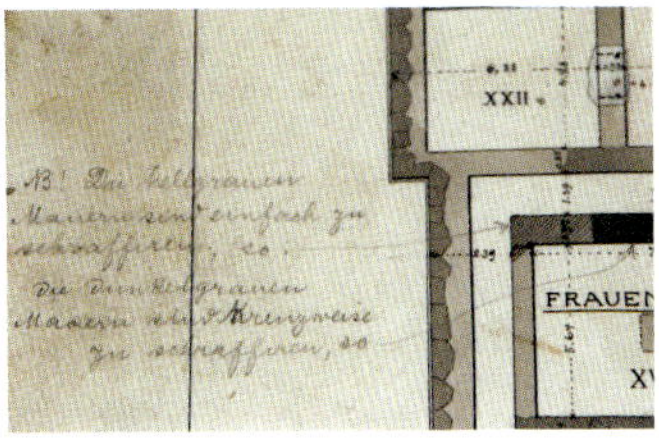

原画の指示文

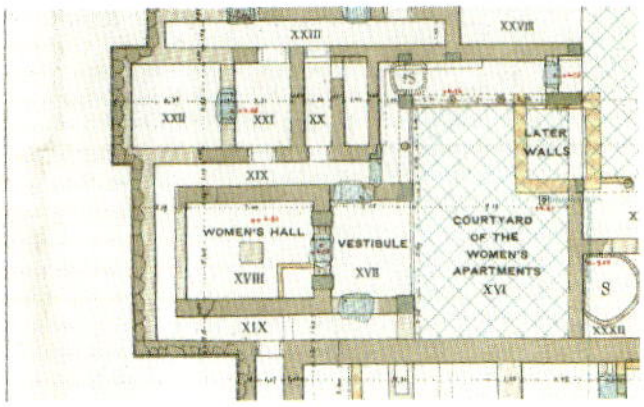

初版本図版Ⅱの部分

メガロン跡

図版Ⅱ「ティリンスのアクロポリス上市」原画

49.3cm×68.3cm

(図面のトリミング枠 43.4cm×62.1cm)

1884年にデルプフェルトが作成している。遺構の違いを赤、橙、青、黒の4色を使い分けて表現している。北端にある「女性用の広間」(FRAUENSAAL)の東壁に関する印刷への指示がドイツ語で鉛筆書きされている。斜線部分と網目線部分をやや濃いベタ塗りにする指示内容で、実際に初版本ではそのようになっている。

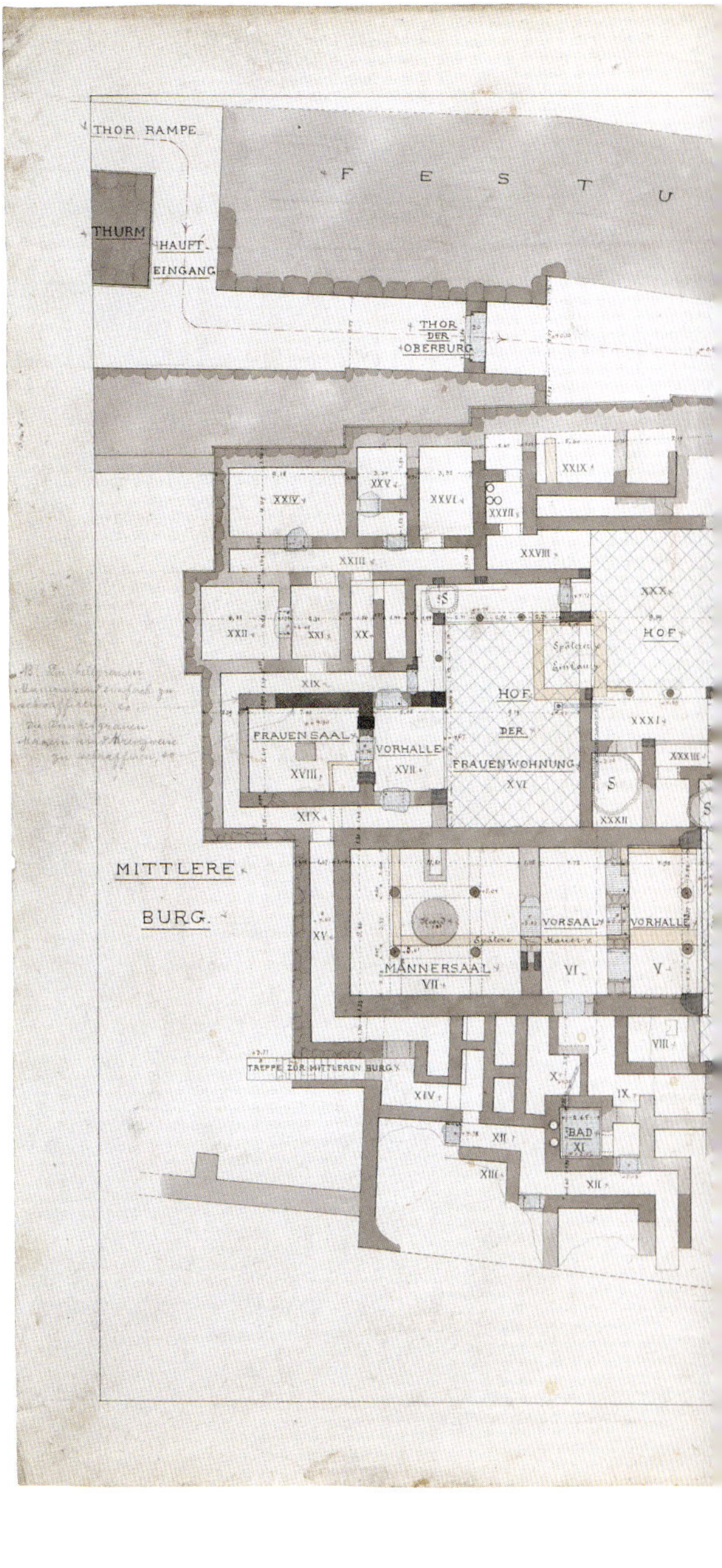

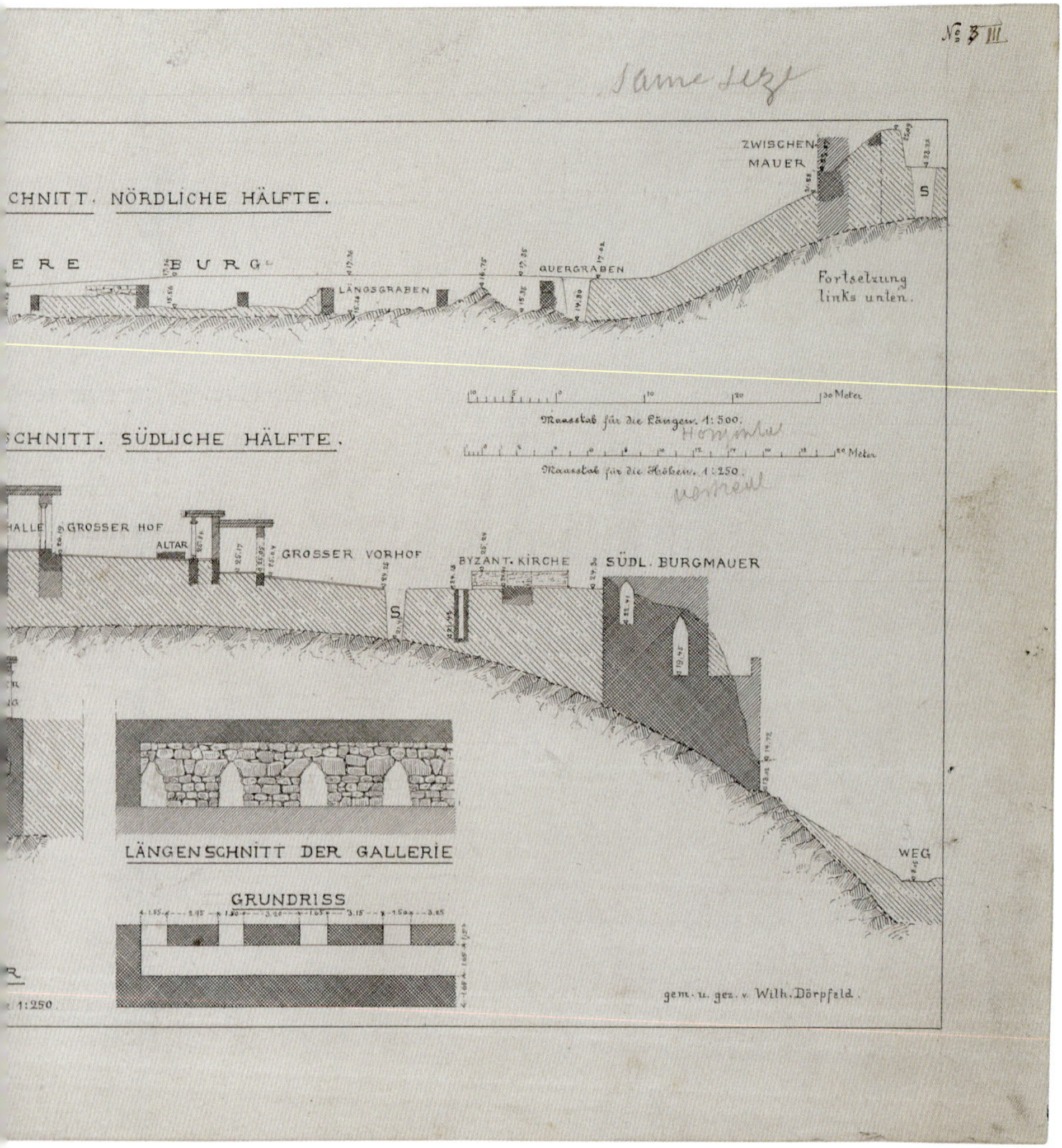

ZWISCHEN-MAUER
CHNITT. NÖRDLICHE HÄLFTE.
ERE BURG
LÄNGSGRABEN
QUERGRABEN
Fortsetzung links unten.
SCHNITT. SÜDLICHE HÄLFTE.
Maasstab für die Längen. 1:500.
Maasstab für die Höhen. 1:250.
HALLE
GROSSER HOF
ALTAR
GROSSER VORHOF
BYZANT. KIRCHE
SÜDL. BURGMAUER
LÄNGENSCHNITT DER GALLERIE
GRUNDRISS
WEG
gem. u. gez. v. Wilh. Dörpfeld.
1:250

東のギャラリー

図版Ⅲ「アクロポリス断面図」原画

25.3cm×41.5cm
(図面のトリミング枠 20.0cm×36.3cm)

ティリンスのアクロポリス遺構を南北に切った断面図である。南北に長いので、アクロポリスの北半と南半に分けて配置している。上部には北半、中央にはその続きの南半がある。下部には東壁にあるギャラリーの断面図がある。平面図と合わせることで、遺構を立体的に把握できる。

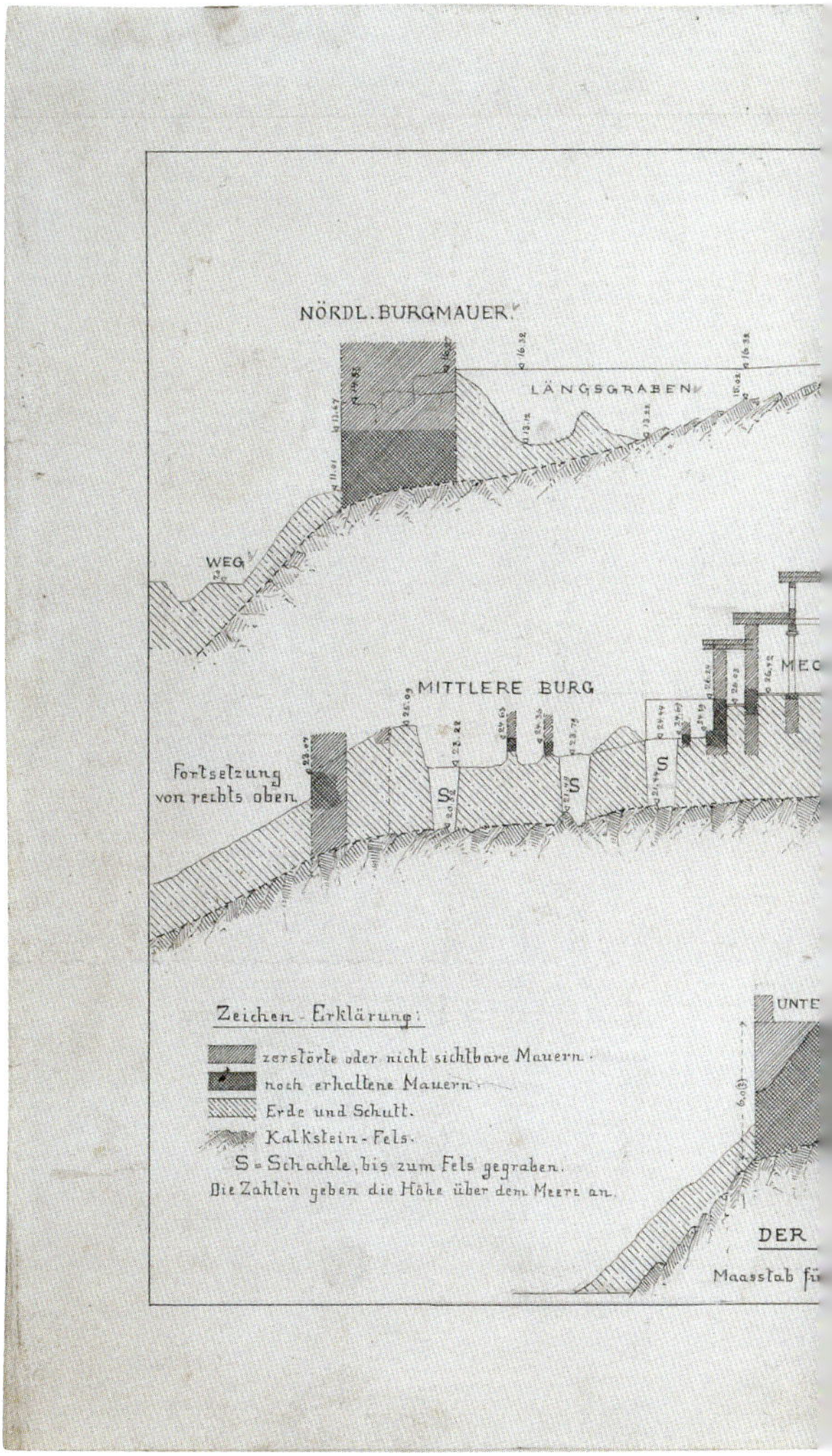

図版Ⅶ「ティリンス宮殿の壁画」原画

44.3cm×30.5cm(図面のトリミング枠 40.0cm×23.8cm)

壁画断片は LH Ⅲ A–B 期(前 1420–1190 年頃)の宮殿の化粧漆喰の壁面に描かれていた。トリミング枠を設定して、その中に各壁画の復元図を灰色で描いている。その上にあらかじめ作成していた壁画断片図を切り取って貼り付けている。断片図はインクで輪郭を描いてから、彩色したものである。これが版下となる。20cm スケールが原寸で下にそえられている。初版本ではその長さが 10cm になっているので、縮尺 1/2 であることが分かる。

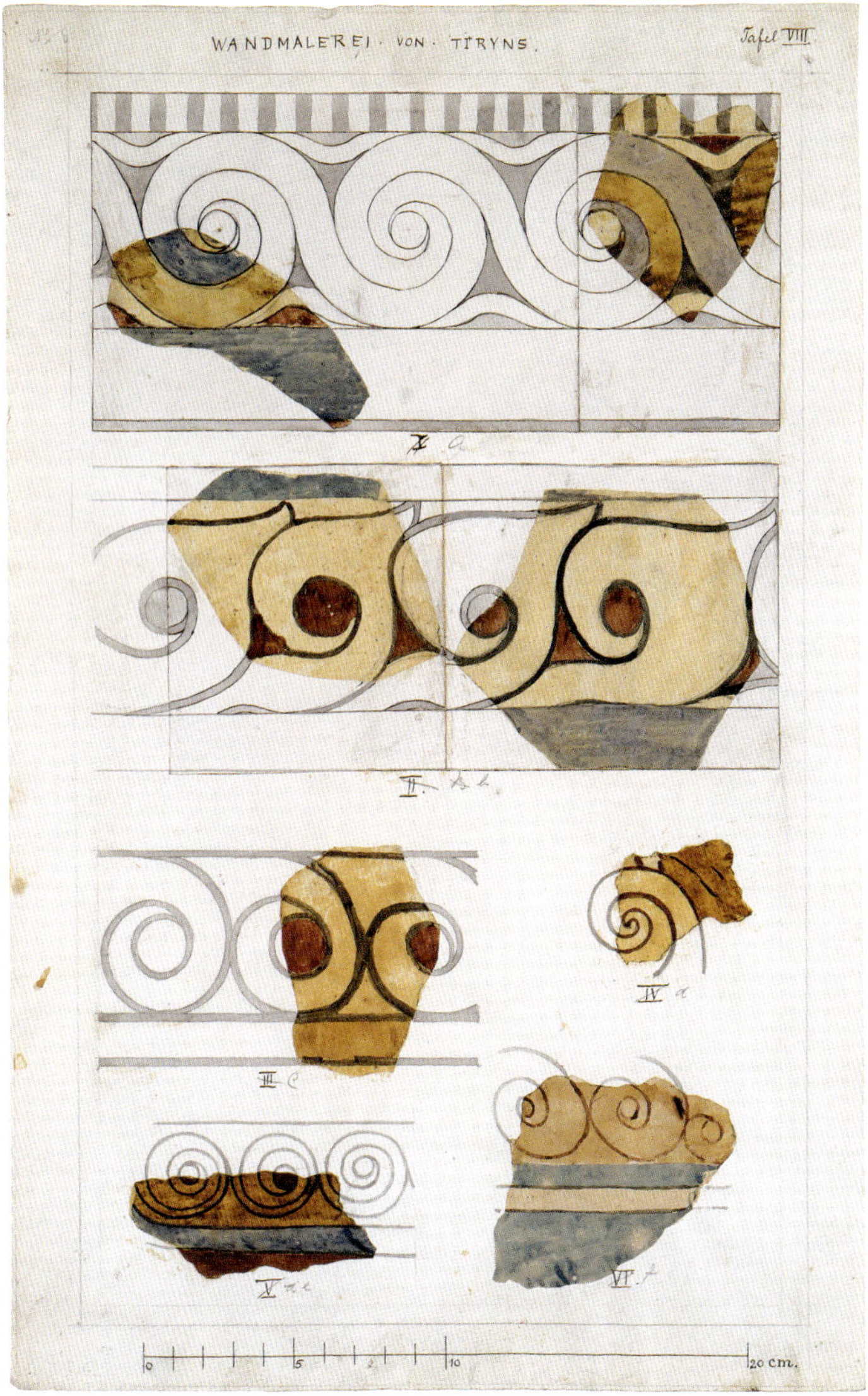

図版Ⅷ「ティリンス宮殿の壁画」原画

44.4cm×28.1cm（図面のトリミング枠 40.0cm×24.0cm）

インク書きのローマ数字大文字を鉛筆で薄くアルファベット小文字に書き換えている。原画には原寸で 20cm スケールが下に引かれている。初版本ではその長さが 10cm になっていて、縮尺は 1/2 と分かる。

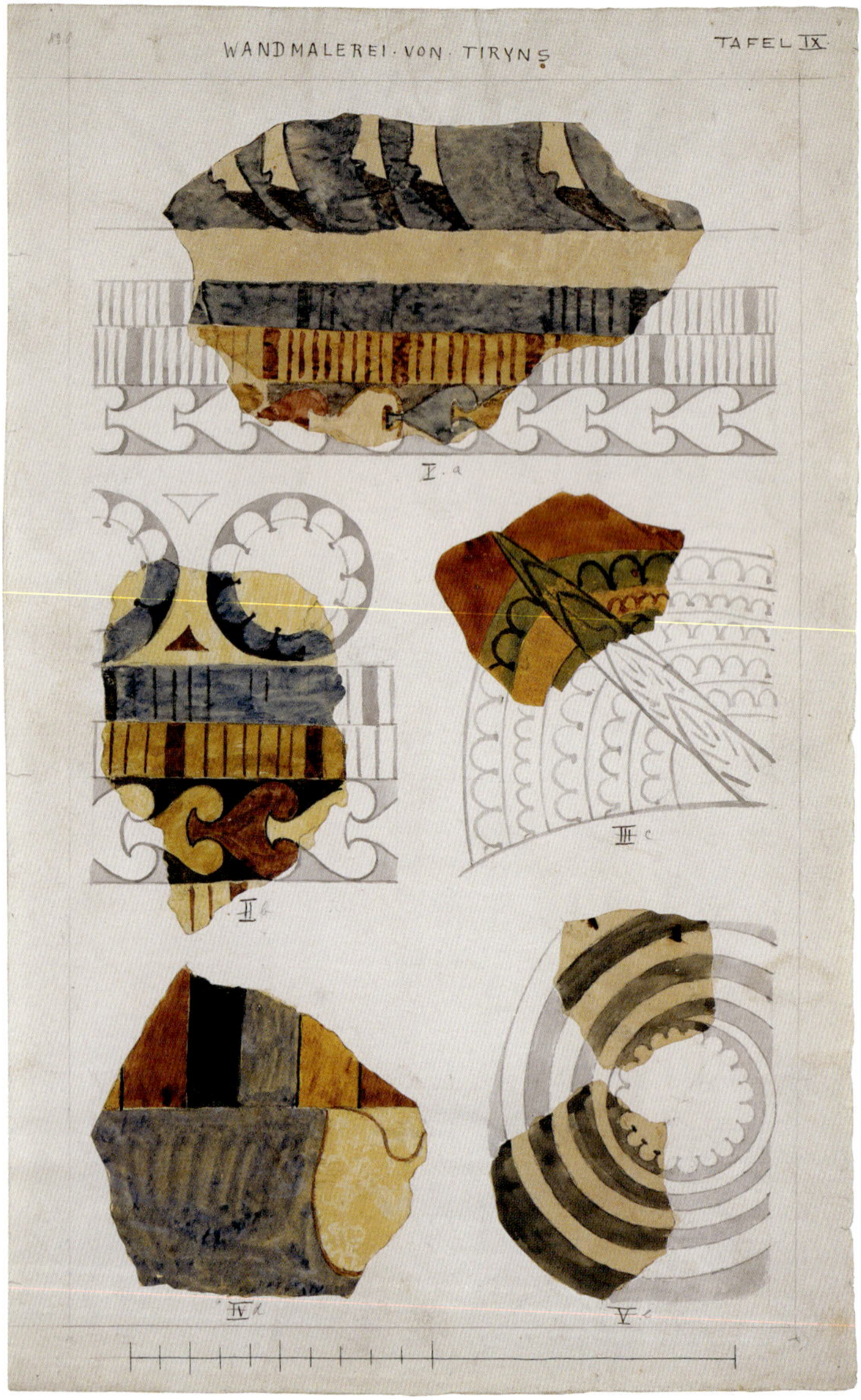

図版Ⅸ「ティリンス宮殿の壁画」原画

44.3cm×27.9cm（図面のトリミング枠 40.0cm×23.7cm）

各壁画の復元図が灰色で描かれている。壁画断片はインクで輪郭を描き彩色してあらかじめ作成している。これを切り取って復元図の上にきれいに貼り付けている。インク書きのローマ数字大文字を鉛筆で薄くアルファベット小文字に書き換えている。原画には原寸で20cmスケールが下に引かれている。

図版X「ティリンス宮殿の壁画」原画

44.3cm×28.1cm(図面のトリミング枠 40.0cm×24.0cm)

壁画断片はインクで輪郭を描き彩色してあらかじめ作成している。これを切り取ってトリミング枠にきれいに配置して貼り付けている。インク書きのローマ数字大文字を鉛筆で薄くアルファベット小文字に書き換えている。原画には原寸で 20cm スケールが下に引かれている。

図版XI「ティリンス宮殿の壁画」原画

44.4cm×28.0cm（図面のトリミング枠 39.7cm×24.0cm）

壁画断片はインクで輪郭を描き彩色してあらかじめ作成している。これを切り取って復元図の上に貼り付けている。インク書きのローマ数字大文字を鉛筆で薄くアルファベット小文字に書き換えている。

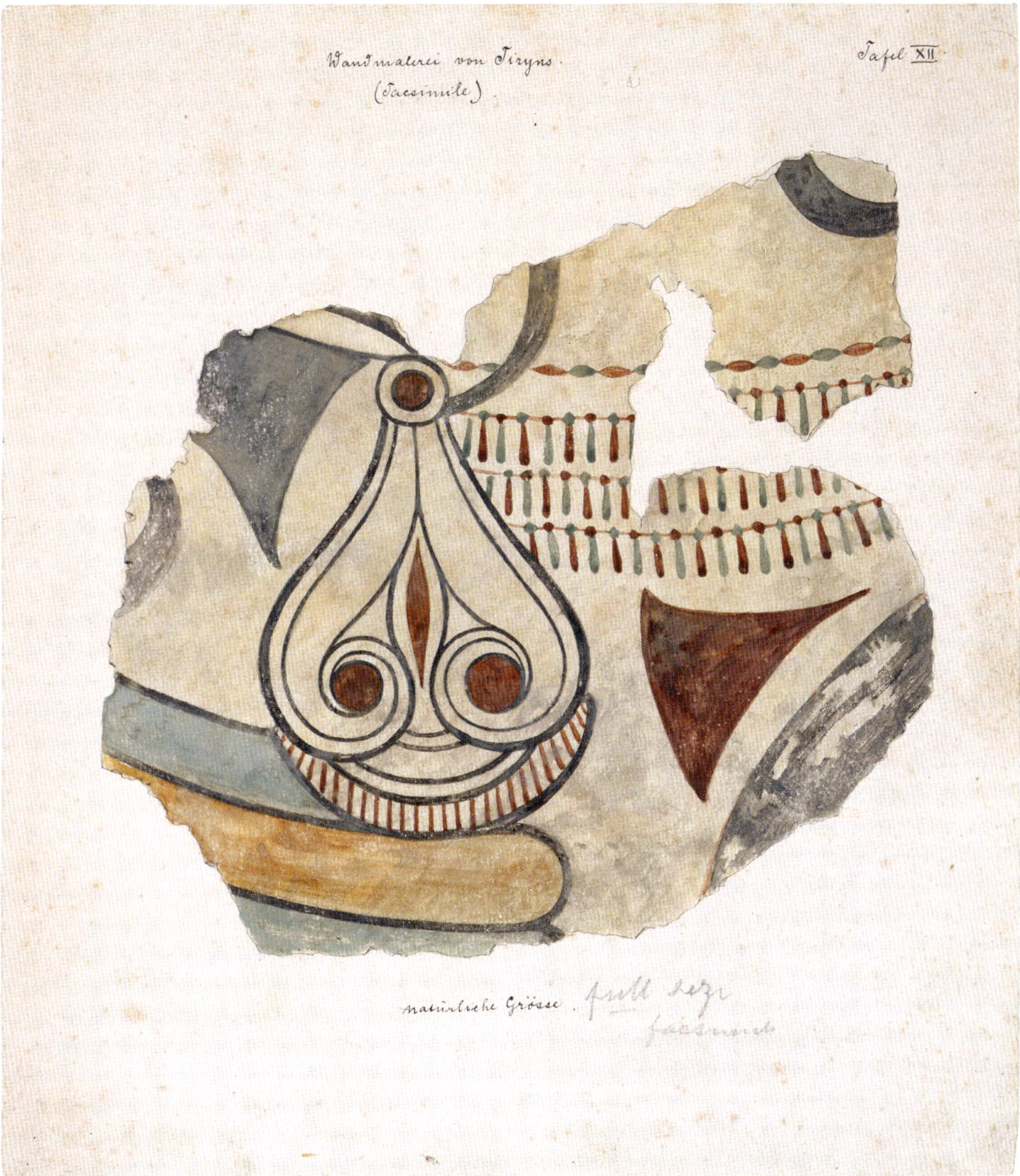

図版Ⅻ「ティリンス宮殿の壁画」原画

29.6cm×26.6cm

原図は輪郭をインクで描いてから彩色している。上方にはインク書きのドイツ語で「ティリンス壁画（複写）　図版Ⅻ」と描かれている。下方には同じくインク書きのドイツ語で「原寸大」とあり、その右には鉛筆書きの英語で「実物大複写」と描かれている。この鉛筆書きはシュリーマンによるものである。

いる。

この壁画は明らかに、クノッソスの「牛飛び」の壁画でよく知られているミノアの先行例を模している。クノッソス例と同様に、青地に描かれて、赤の垂直線が横断する白の帯飾りによって囲まれている。跳んでいる人物と牛は白で描かれている。人物の白色顔料は胴部のようにところどころはげ落ちて、下地の青がむきだしている。その人物は牛の角をつかんで、体は牛とほぼ平行状態にある。こうした図像は「浮かぶ曲芸師」と呼ばれている。

風呂跡

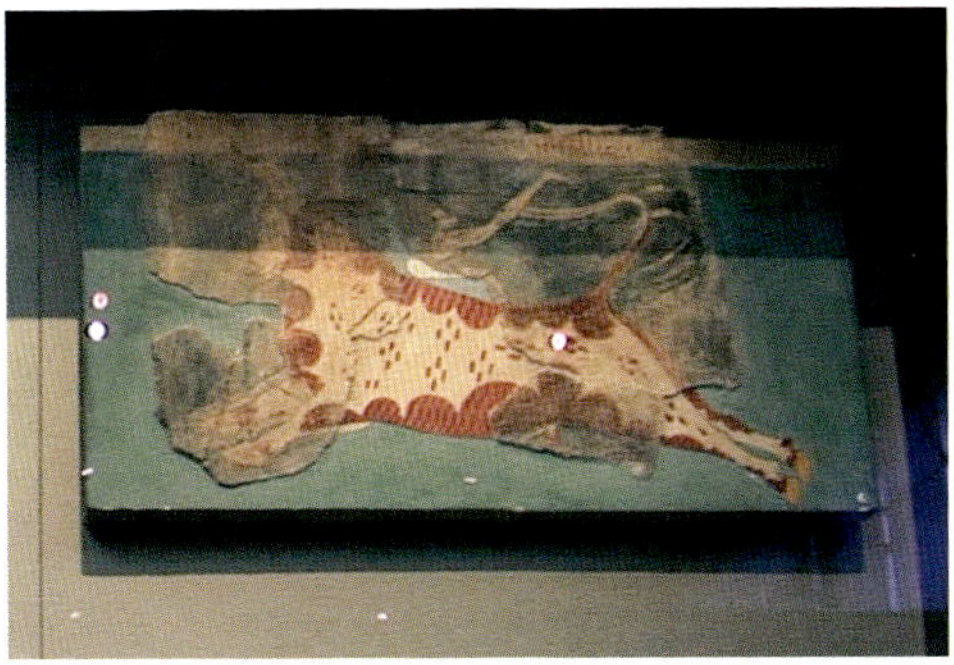

壁画断片（アテネ国立考古学博物館）

図版XIII「ティリンス宮殿の壁画、牛の背で踊る男の図」原画

33.9cm×49.0cm

この壁画破片はシュリーマン自身により、メガロン近くのいわゆる風呂場近くで発見された。LH III A–B 期の宮殿の化粧漆喰の壁面に描かれていた。原画の下にある鉛筆書きはシュリーマンによるものである。黒のインクで輪郭を描いてから彩色を施して

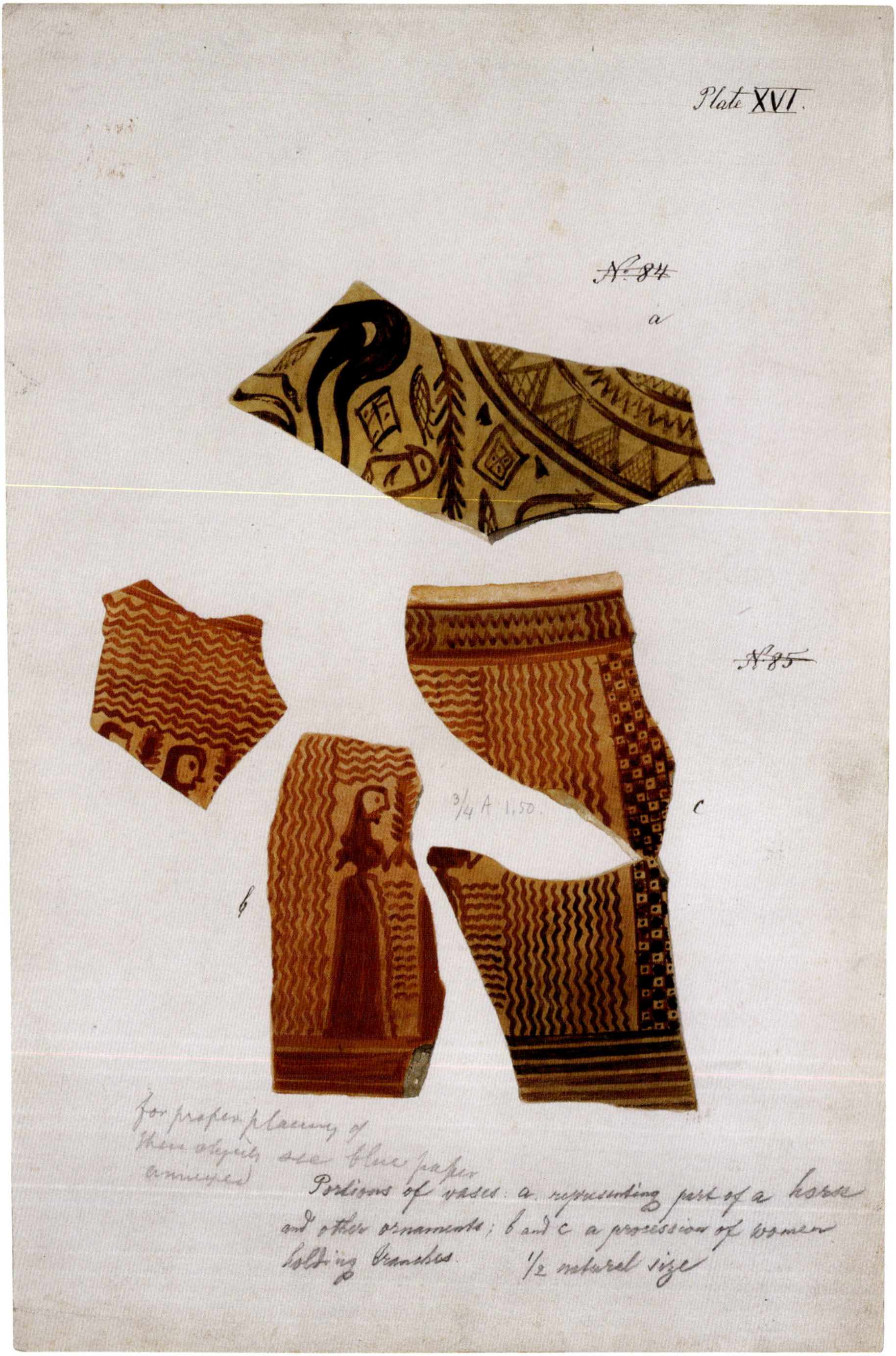
Plate XVI.
No. 84
a
No. 85
3/4 A 1.50.
c
b
for proper placing of these objects see blue paper annexed
Portions of vases: a representing part of a horse and other ornaments; b and c a procession of women holding branches. 1/2 natural size

図版XVI「壺片」原画

44.8cm×30.0cm

近代的な考古学手法が未だ確立していなかったこの時期に、美術的価値の低い土器片に注目して図として残している点は評価されるべきであろう。下方の鉛筆書きと、絵に振ったインク書きの番号は、シュリーマンの筆跡である。

a **「馬と他の文様を表現した部分」** アルゴスの幾何学様式土器で、前8世紀頃に年代づけられる。

b・c **「枝を持つ女性の列」** アルゴスの幾何学様式土器で、前8世紀頃に年代づけられる。枝を持ち上げた女性が列をなしている図で、長いスカートの前には紐が垂れ下がっている。初版本では土器片の位置が変わっている。ところで、実はこのbは中近東文化センター所蔵の原画図版XXVIIに土器aの破片として描かれていて、その横に鉛筆でcancelledと記されている。したがって当初この土器片は図版XVIIのaの破片と考えていたが、それを図版XVIに移し、さらにその位置も印刷段階で変更したことになる。1つの破片にも最後まで検証していたことをうかがわせ、シュリーマンらの出土遺物への誠実な取り組み方が分かる。ティリンスの発掘日誌が残っていない今日において、この原画は貴重な情報源である。

初版本の図版XVI

図版XVII原画（中近東文化センター）

図版XIII「幾何学文様、人物、2頭の馬、2匹の魚が描かれた大壺の破片」原画

31.6cm×43.2cm

下方の鉛筆書きはシュリーマンによるものである。図の真上にあたりに鉛筆で「29/3 AXN 1.50」とある。同様のメモが他の土器原画にも記されているが、何を意味しているのかは不明。左から出土日、出土地点、出土地点の深さを示しているようにもみえる。

描かれている土器片はアルゴスの幾何学様式土器で、おそらくピュクシスであろう。前8世紀頃に年代づけられる。連続雷文は幾何学期の特徴的な文様である。2頭の馬の間に人物、馬の下には大きな魚がいる。

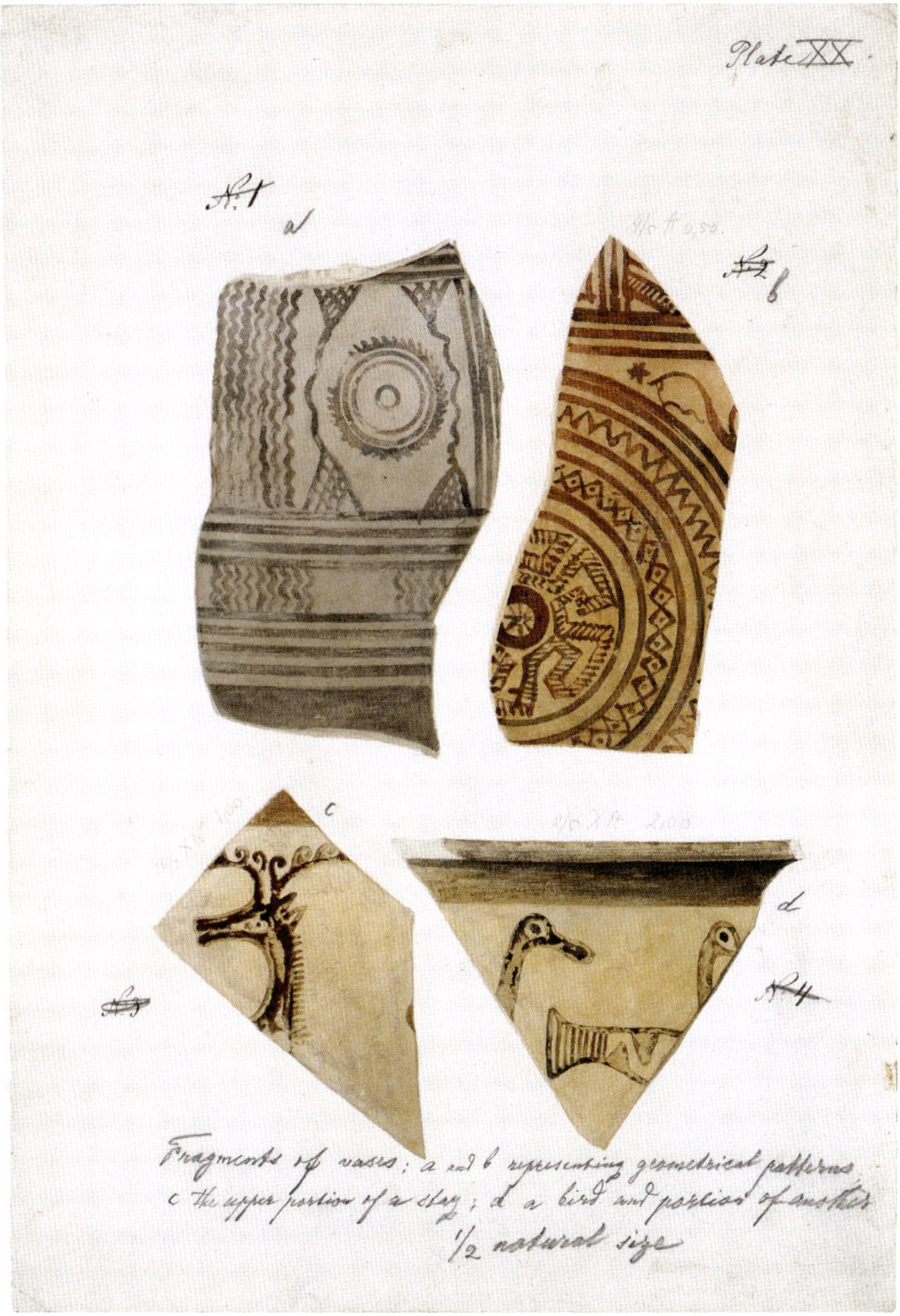

図版XX「壺の破片」原画

43.0cm×30.0cm

下方および上方右の鉛筆書きと、絵に振ったインク書きの番号およびそれを訂正した鉛筆書きは、シュリーマンの筆跡である。

a **「幾何学文様」** 前 9-8 世紀の幾何学様式土器。

b **「幾何学文様」** 前 9-8 世紀の幾何学様式土器。

c **「鹿の上部」** LH Ⅲ B 期（前 1310-1190 年）に属するクラテルの口縁部破片。口縁の水平帯文の下に生き生きとした雄鹿が描かれている。このモチーフは、壁画にみられる鹿狩りシーンを模している。

d **「鳥ともう 1 羽の鳥部分」** 三角文で充填されたガチョウであろう。LH Ⅲ B 期に属する。

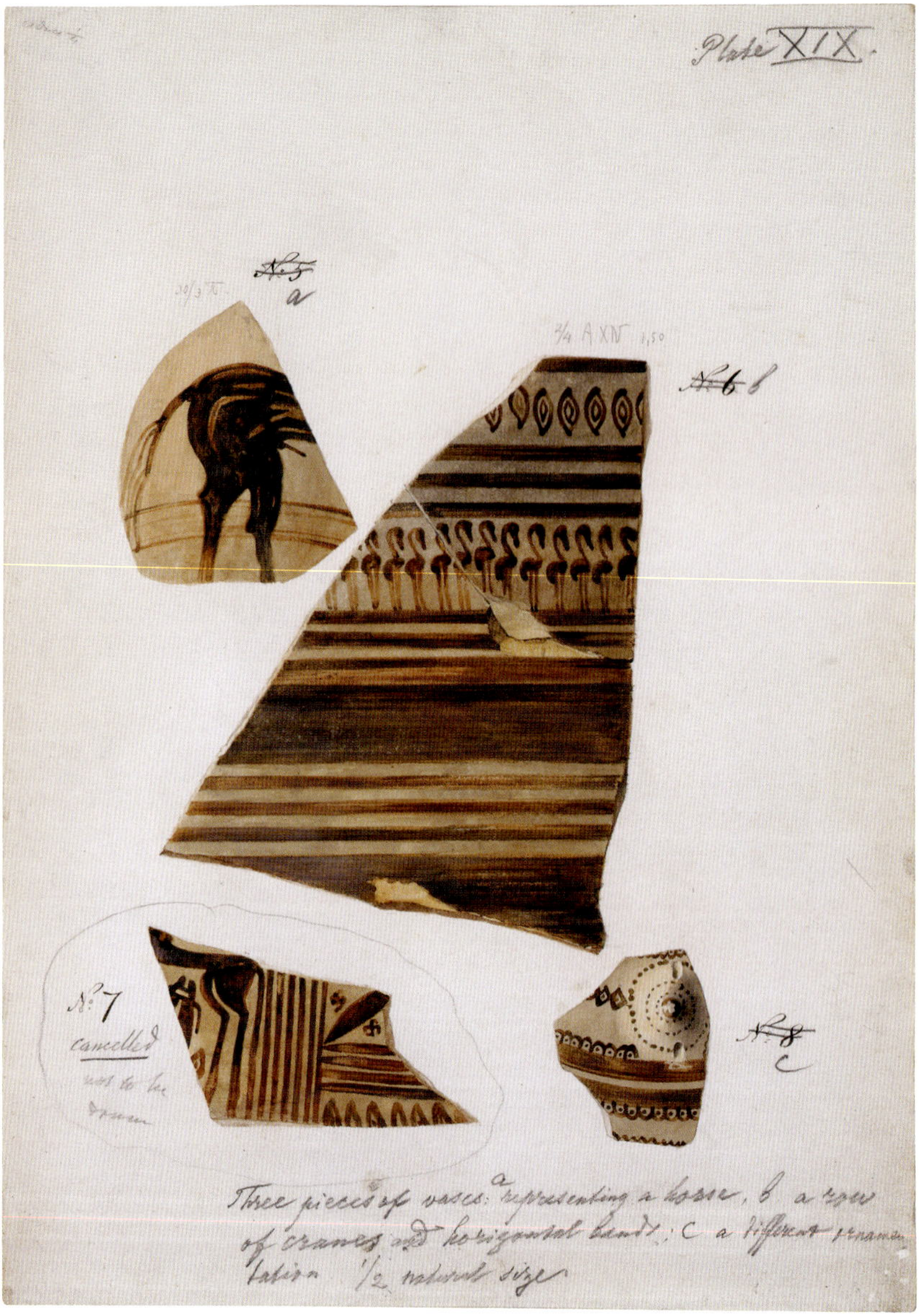

図版XIX「壺の3片」原画

43.2cm×31cm

下方左右および上方右の鉛筆書きと、絵に振ったインク書きの番号およびそれを訂正した鉛筆書きは、シュリーマンの筆跡である。No.7の土器片は鉛筆で円に囲まれ、英語で「キャンセル　描くな」と指示している。この土器片は図版XVIIIに移動している。

初版本の図版XIX

a 「**馬の描写**」 良質で薄い器壁の破片で、描かれた馬の臀部が残っている。クラテルではない鋭く湾曲した容器であったとみられている。LHⅢB期に属する。

b 「**鶴の列と水平帯文様帯**」 前8世紀の幾何学様式土器である。水鳥がたくさん並んでいる。おそらく「小さな櫛」のような道具を使って大量に描いたと思われる。

c 「**さまざまな文様**」 列点で3重の同心円のある突起があり垂直方向に孔が開けられている。点のある菱形または円形の連続列文がある。これらは中期幾何学様式(前900-850年頃)の特徴である。

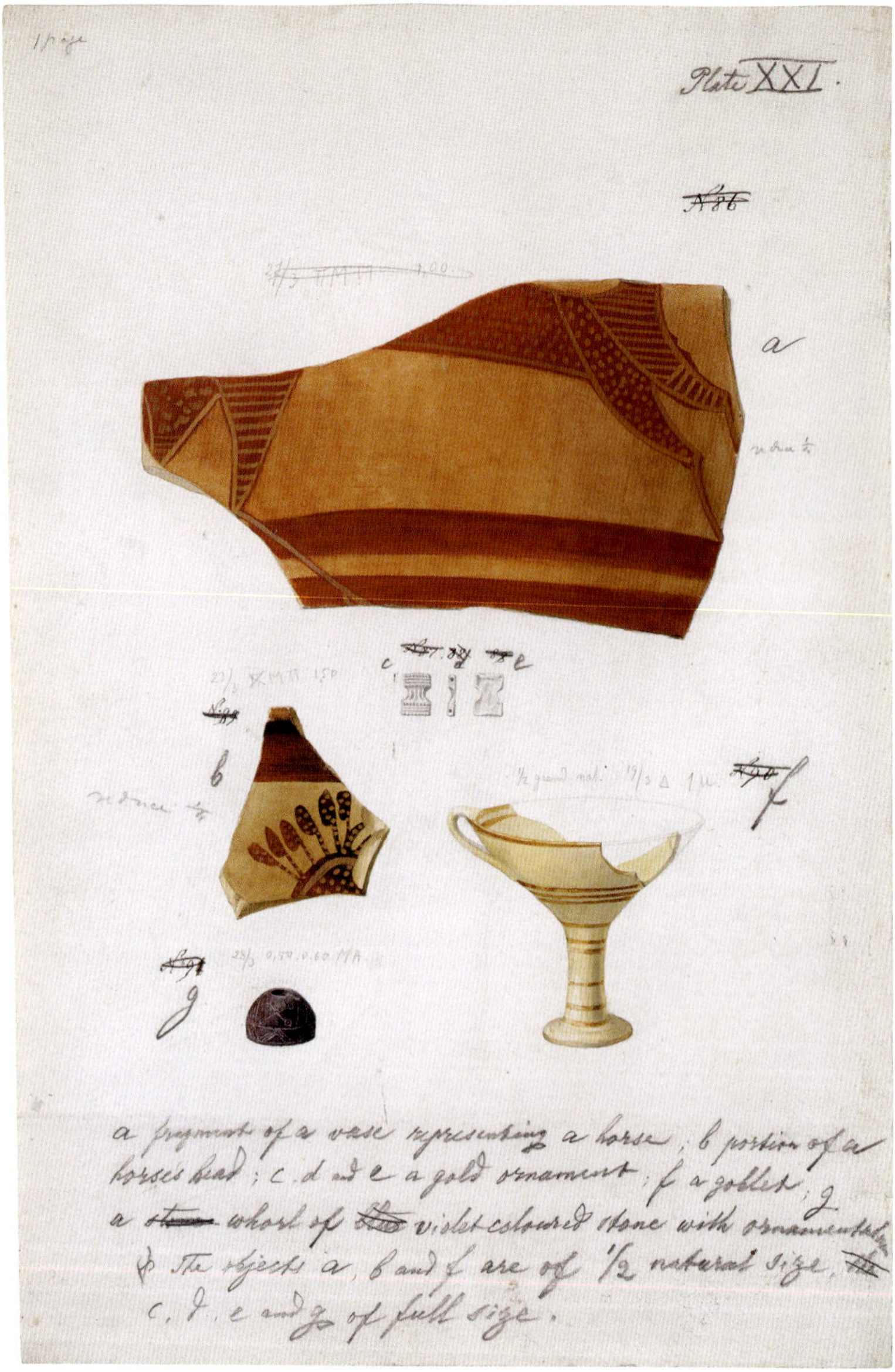

図版XXI 原画

43.7cm×29.0cm

下方および上方右の鉛筆書きと、絵に振ったインク書きの番号およびそれを訂正した鉛筆書きは、シュリーマンの筆跡である。ネームキャプションの後にa、bとfは縮尺1/2、c、d、eとgは原寸とある。遺物は基本的に原寸で描くが、大きい遺物の場合縮小して描くことがある。

初版本の図版XXI

a 「**馬を描いた壺の破片**」 クラテルの胴部破片。馬の左足はストライプ縞模様、右足は斑点文となっている。LH Ⅲ B2 期(前 1250-1190 年頃)。

b 「**馬頭部が描かれている土器片**」 クラテルの破片。LH Ⅲ B2 期。ティリンス出土の「盾を運ぶ従者の画家」作クラテルときわめて類似する。

c、d、e 「**金製飾り**」 LH Ⅲ期。

f 「**ゴブレット**」 LH Ⅲ B2 期のキュリクス。

g 「**紫色をして文様のある石製紡錘車**」 EH Ⅱ-Ⅲ期(前 2600-2000 年頃)。

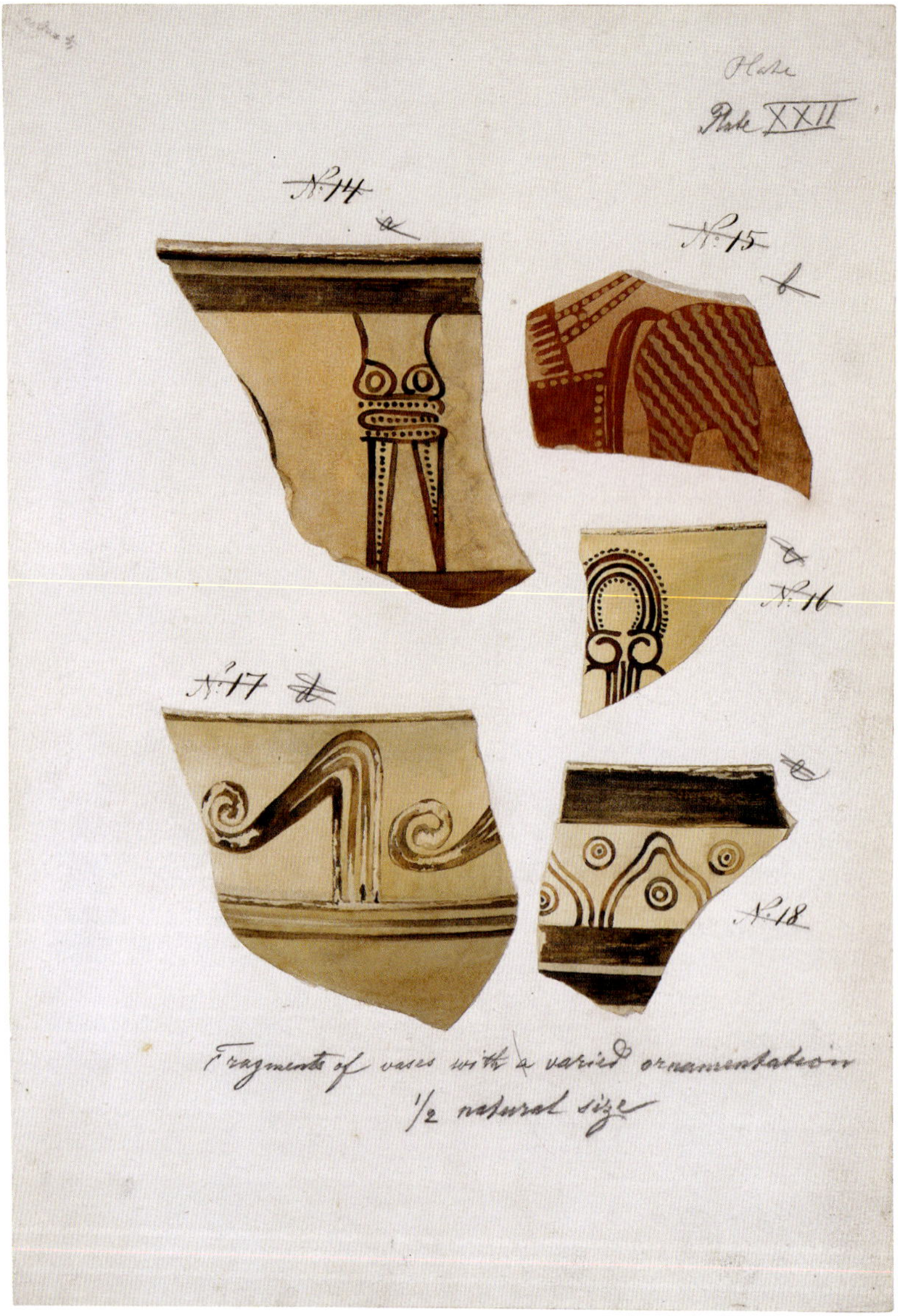

図版XXII「さまざまな文様のある壺の破片」原画

43.0cm×30.0cm

下方および上方右の鉛筆書きと、絵に振ったインク書きの番号およびそれを訂正した鉛筆書きは、シュリーマンの筆跡である。番号を消して付けた小文字のアルファベットも線で消している。実際、報告書では図の配置が変更されその順番にアルファベットが付けられている。しかしここでは便宜上、原画にかかれたアルファベットで説明する。

a　LH Ⅲ B1 期(前 1310-1250 年頃)のクラテル口縁部である。光沢のある黒褐色の帯文が口部直下と腹部にかろうじて確認できる。その間に垂直方向の巻き貝が描かれている。左端には水平把手の始まり部分がわずかに残っている。垂直の巻き貝はこの時期の典型的なモチーフである。

b　戦車と馬の臀部が描かれたクラテルの破片。LH Ⅲ B2 期。御者はボックスの端にいて管状で表現されている。

c　シュリーマンはイオニア式柱頭飾といっている。a と同じで、LH Ⅲ B1 期であろう。

d　LH Ⅲ B 期のグループ A 深鉢破片。グループ A 深鉢は繊細な線文がある口縁部と水平帯文のある胴部下部の間に、広い装飾区画がある。単純な渦巻き文の連続、何十も重なった先端が丸まった茎文といった、植物装飾を連想させる規格化したモチーフが特徴である。

e　グループ B 深鉢の破片。口縁部外側に特徴的な帯文がある。グループ B 深鉢は LH Ⅲ B2 期においてアルゴスで作られた土器である。その時期の末に広範囲にわたる破壊がティリンス遺跡にみられる。

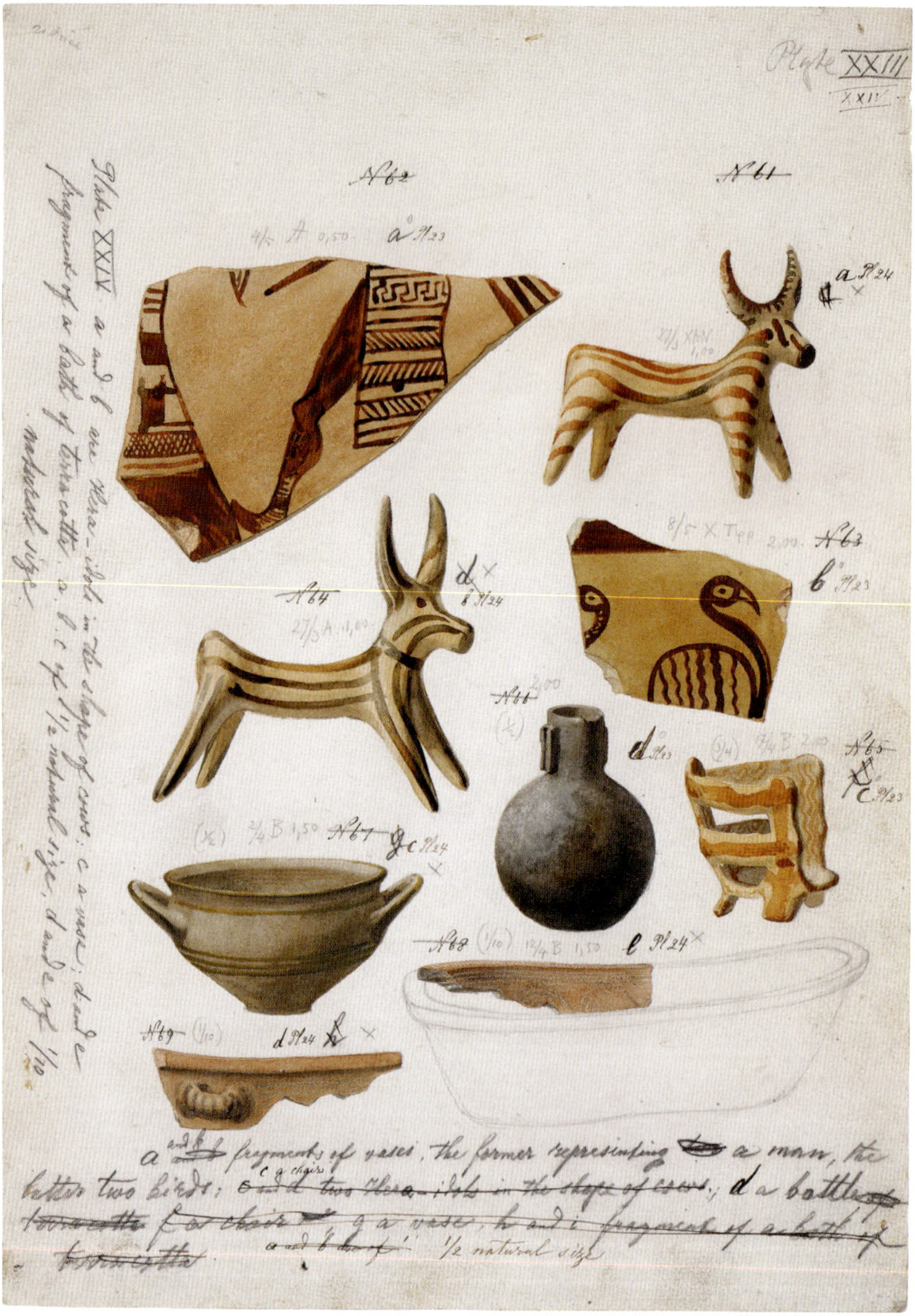

図版XXIIIとXXIVの原画

42.8cm×30.5cm

当初1枚の図版と考えて作成されていたが、途中で2つの図版にしている。報告書でもそのように図版XXIIIと図版XXIVの2枚に分かれている。下方の鉛筆書き、上方右の鉛筆書き、おそらく絵に振ったインク書きの番号とそれを訂正した鉛筆書きはシュリーマンの筆跡である。ここでは原画のアラビア数字のナンバーにしたがって解説する。

No.61 **「牛の姿をしたヘラ神像」** 牛像。LH Ⅲ A-B 期(前 1420-1190 年)に属する。

No.62 **「男性を描いた土器片」** 左へ動いている男性の列の下半身部分が残っている。足の周りの線はサンダルをはいていることを示す。装飾豊かなチュニックを着ている。チュニックに描かれている雷文などの文様から判断すると、年代は幾何学文様式期の前 7 世紀頃であろう。現在は、奉納用円盤形楯の一部であることが判明している。

No.63 **「2 羽の鳥を描いた土器片」** 鳥文クラテル破片。LH Ⅲ B 期に属する絵画スタイルの破片。口縁直下に球状の鳥が 2 羽描かれている。反対方向を向いている。胴部は垂直波文で装飾。

No.64 **「牛の姿をしたヘラ神像」** 牛像。LH Ⅲ A-B 期に属する。アクロポリス出土。聖域への奉納品もしくは副葬品であった。玩具として作られたとする説もある。

No.65 **「椅子」** 三足玉座模型。アクロポリス出土。LH Ⅲ A-B 期に属する。玉座形土製品はそこに鎮座する神を暗喩する。

No.66 **「土製壺」** 2 つの溝羽の把手がある黒色磨研土器。初期青銅器年代Ⅱ-Ⅲ期(前 2400-2000 年頃)に年代づけられるのではないだろうか。

No.67 **「壺」** 深鉢。おそらく LH Ⅲ C 期(前 1190-1050 年頃)であろう。

No.68、69 **「土製風呂破片」** 風呂形土器。宮殿のあった LH Ⅲ A-B 期のものだと考えられる。おそらく同一個体の破片である。

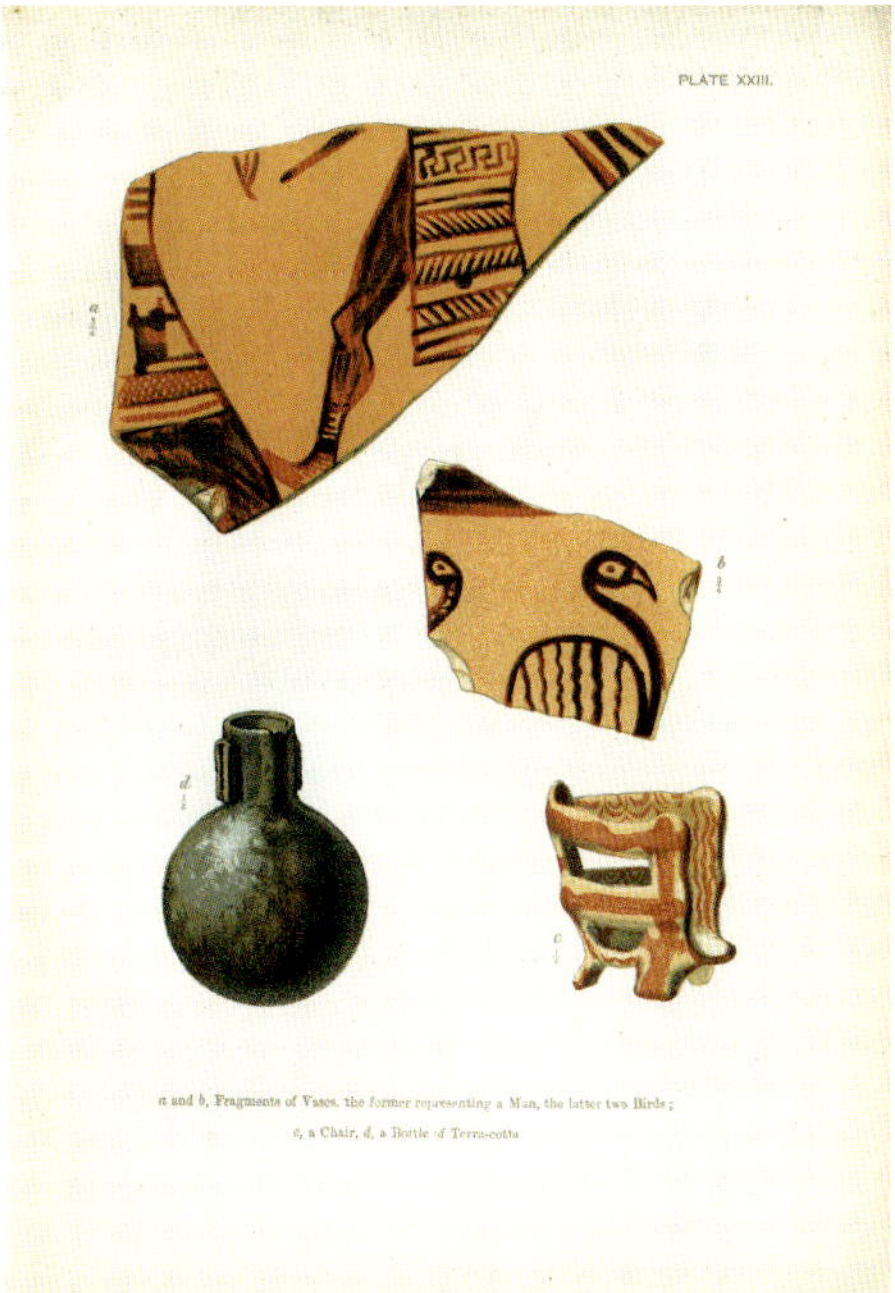

初版本の図版XXIII

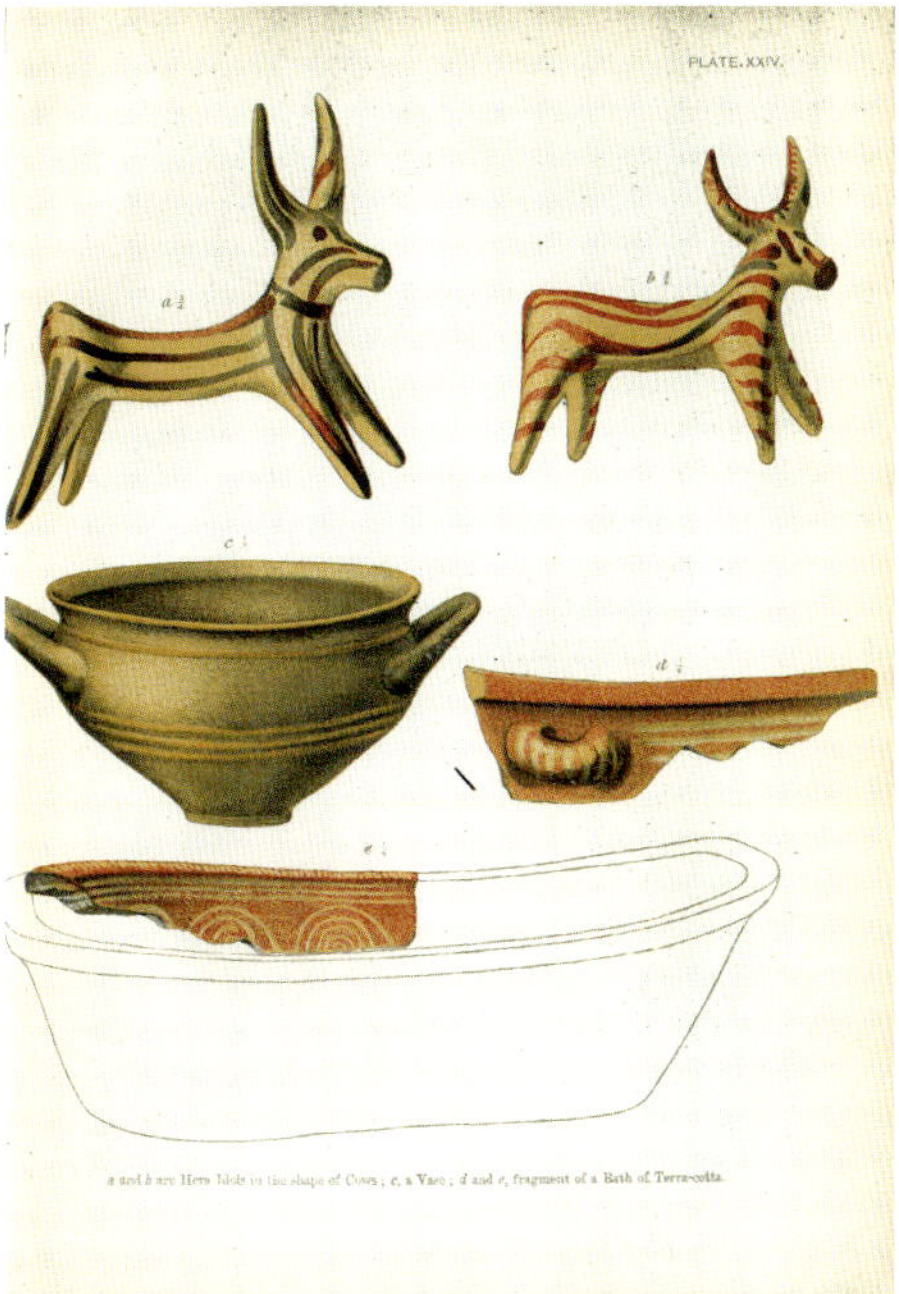

初版本の図版XXIV

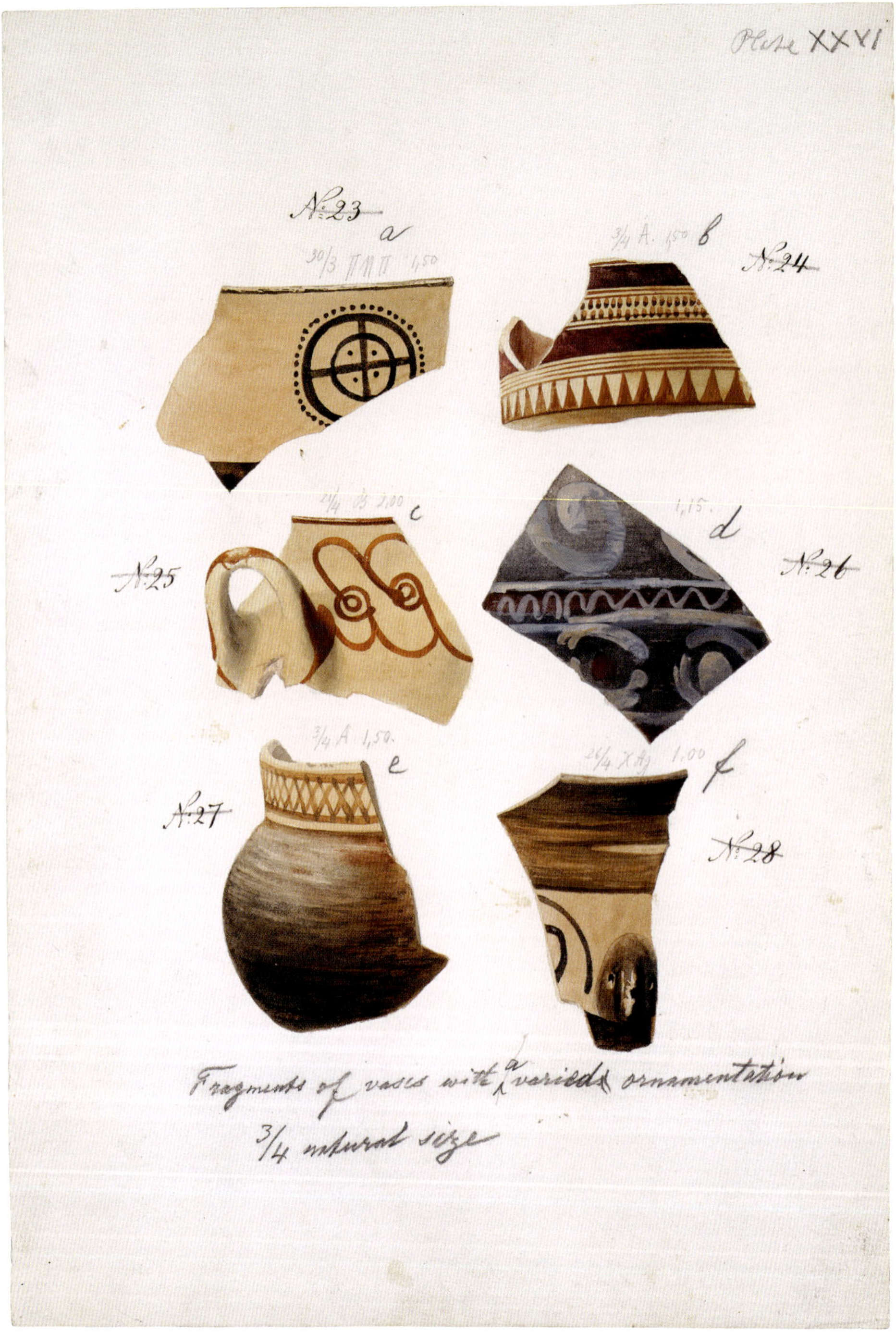
Plate XXVI
№ 23
a
3/4 A. 1,50 b
№ 24
c
1,15.
d
№ 25
№ 26
3/4 A 1,50.
e
f
№ 27
№ 28
Fragments of vases with a varied ornamentation
3/4 natural size

図版XXVI「さまざまな文様のある壺の破片」原画

42.9cm×29.4cm

下方の鉛筆書きと、絵に振ったインク書きの番号およびそれを訂正した鉛筆書きは、シュリーマンの筆跡である。縮尺3/4とある。

a　二重同心円を十字で区切り、内円内側には点文を1つずつ配し、外円の外周には列点文を施した独特な文様が描かれている。LH Ⅲ B2期のロゼット文深鉢。

b　上部には二重水平線文の間に列点文、下部には連続三角文がある。幾何学文様式期のピュクシスであろう。

c　LH Ⅲ B期のグループA深鉢の破片で、組紐文が施され水平のチューブ状の把手が付いている。

d　暗い灰色地に赤、白で文様を描いたカマレス土器の破片である。カマレス土器はクレタ(ミノア)文明の代表的な土器で、古宮殿時代(前1900-1700年頃)に属する。しかし新宮殿時代(前1700-1450年頃)に入ってからもしばらく作り続けられる。

e　不明

f　LH Ⅲ B期のグループA深鉢破片。

図版XXVII「さまざまな文様のある土器」原画

41.4cm×29.2cm

下方の鉛筆書き、絵に振ったインク書きの番号とそれを訂正した鉛筆書きはシュリーマンの筆跡。aは縮尺1/3、それ以外は原寸とあるが、初版本ではaは1/2になっている。

a　三稜形アーチを連ね、その間には山形文を描いている。LH Ⅲ A2期（前1370-1310年頃）の脚付クラテルの破片である。

b　LH Ⅲ B期の彩文小皿。

c　アスコス（葡萄酒をいれる革袋の形を模した器形）LH Ⅲ B-C期。実物は把手が欠損しているのだが、原画では復元して描かれている。

d　カマレス土器である。明褐色胎土で、外側は褐黒色で地塗りして白、赤、橙の色彩を用いて彩画している。この壺はその豊かな装飾性から他と区別されるミノアの輸出品であった。シュリーマンはこの壺は下段アクロポリスから出土したとし、その優雅さと魅力的な文様に注目している。

初版本の図版XXVII

図版XXVIIに描かれているカマレス土器
（アテネ国立考古学博物館）

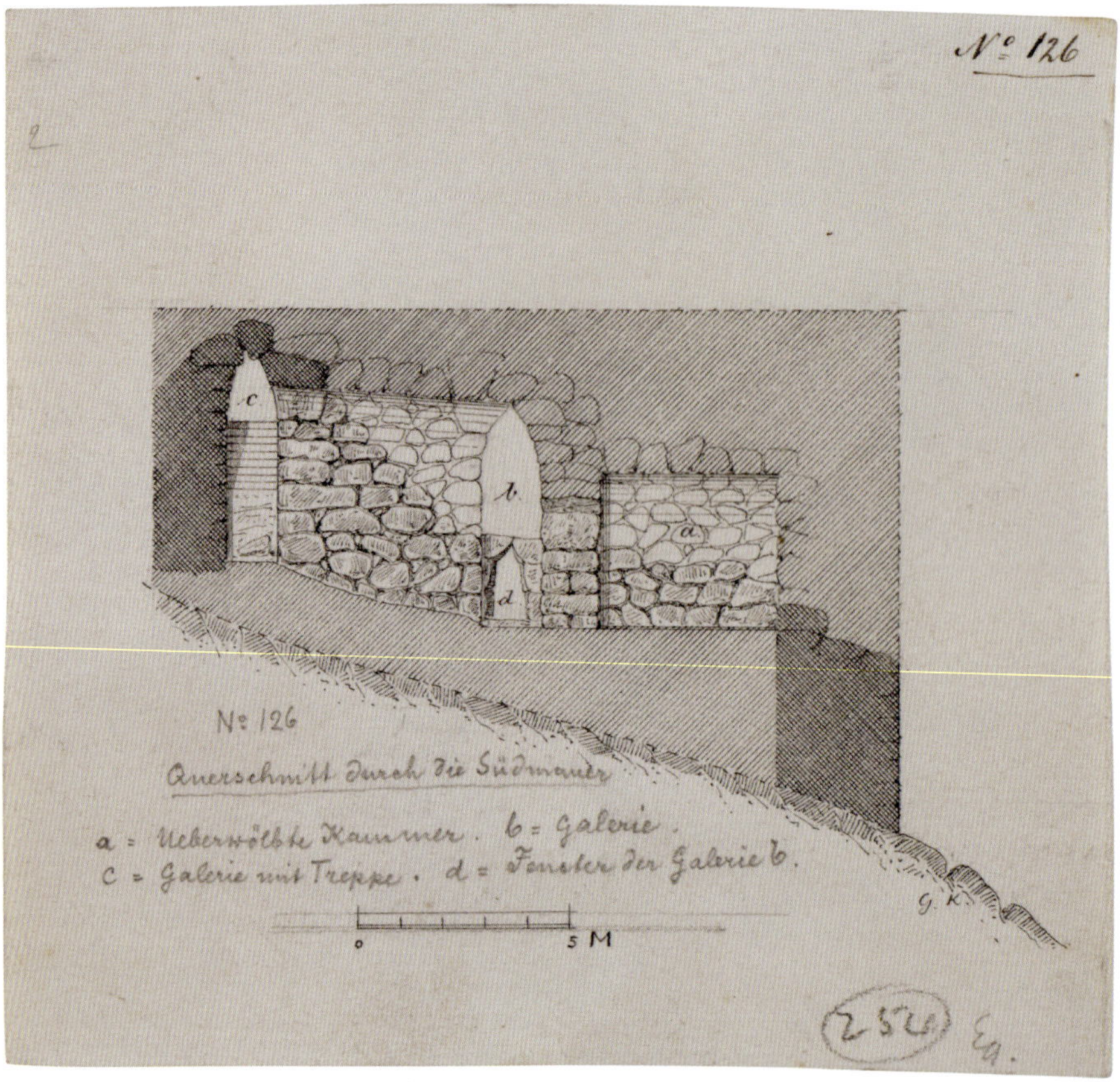

挿図 126「南壁の横断面」原画

12.3cm×13.2cm

埋め戻された南のギャラリー

デルプフェルトによるアクロポリス南壁の南北断面図である。aは「アーチ天井の部屋」、bは「ギャラリー」、cは「階段のあるギャラリー」、dは「ギャラリーbの窓」とキャプションを記している。

報告書ではデルプフェルトは次のように述べている。「上段ギャラリーは階段があって下段ギャラリーへとつながっていた。……下段ギャラリーは5つのアーチ天井の部屋とつながっていた。おのおのは戸口でギャラリーに出入りできる。」

この遺構は埋め戻されていて、現在はみることができない。

挿図 127「南壁の縦断面」原画

13.1cm×23.1cm

デルプフェルトによる南壁の東西断面図である。向かって右が東。a　アーチ天井部屋　b　タワーの内面、とある。

報告書ではデルプフェルトは次のように述べている。「壁の現存部分は暗い色で、補った部分は明るい色で描いている。中間の天井によって高さの分割を示している。」「横断面図 127 は 5 つのすべてのアーチ天井部屋と塔の断面をとらえている。5 つの戸口のある壁が見え、その背後にはギャラリーがある。残っている部分は暗い色で、補った部分は明るめで描いている。……階段には 9 つのライムストーン製のステップが原位置で残っている。」

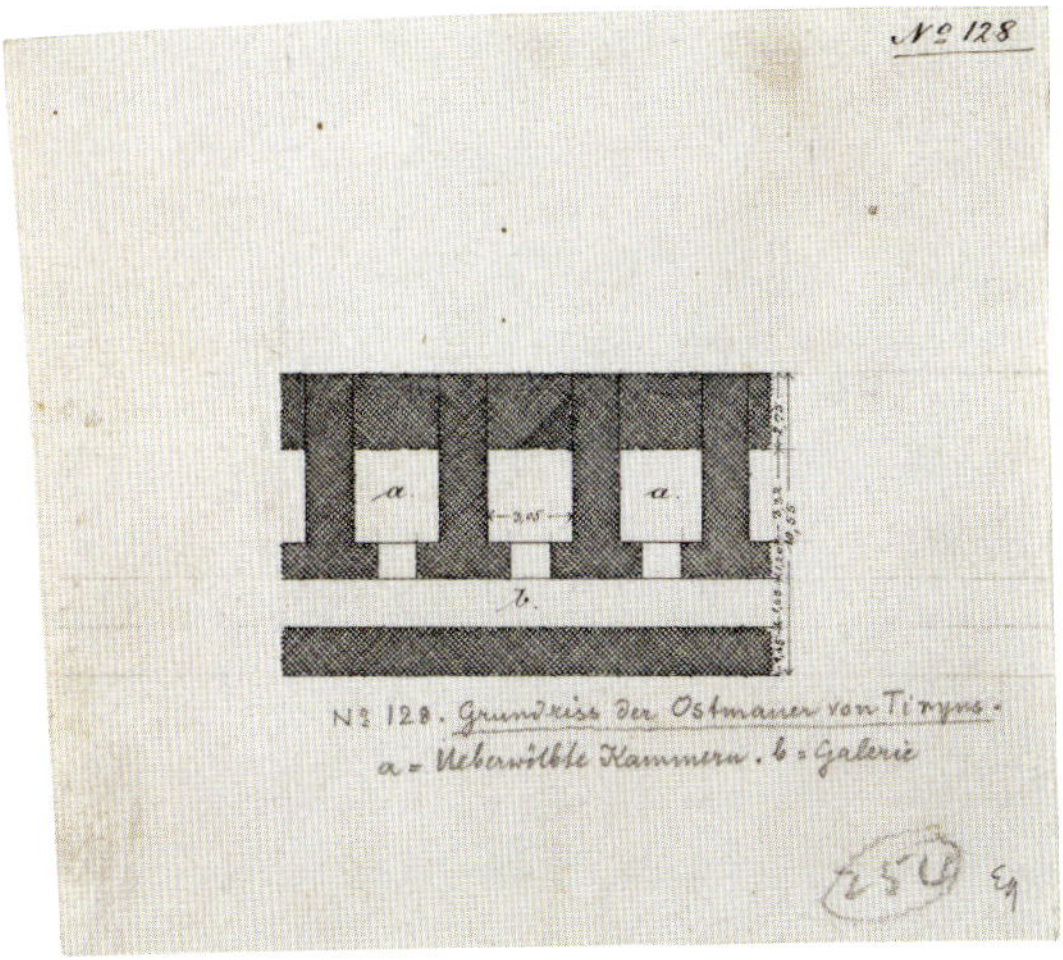

挿図 128「ティリンスの東側城壁の平面図」原画

11.0cm×12.5cm

a　アーチ天井部屋　b　ギャラリー（回廊）

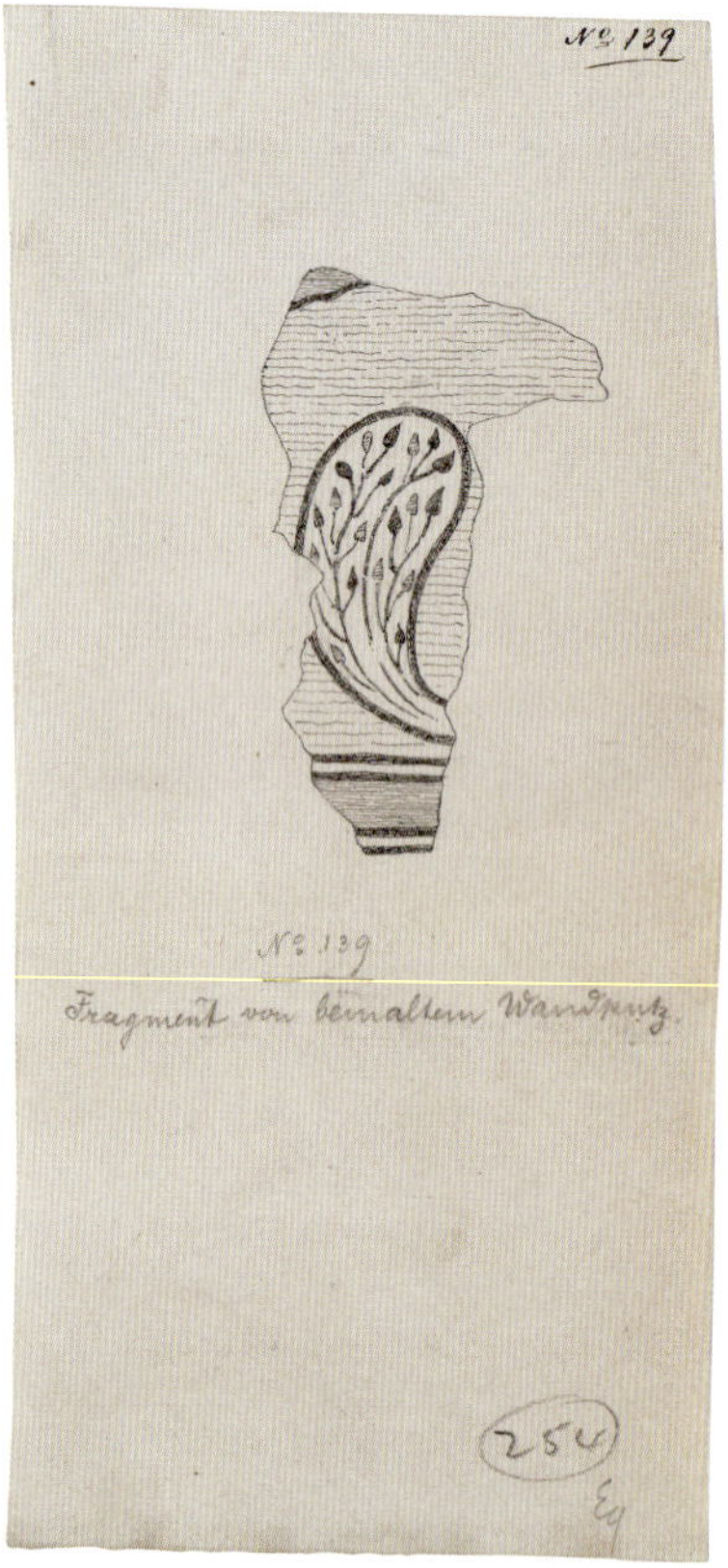

挿図 139「彩画壁面漆喰の断片」原画

18.5cm×8.6cm

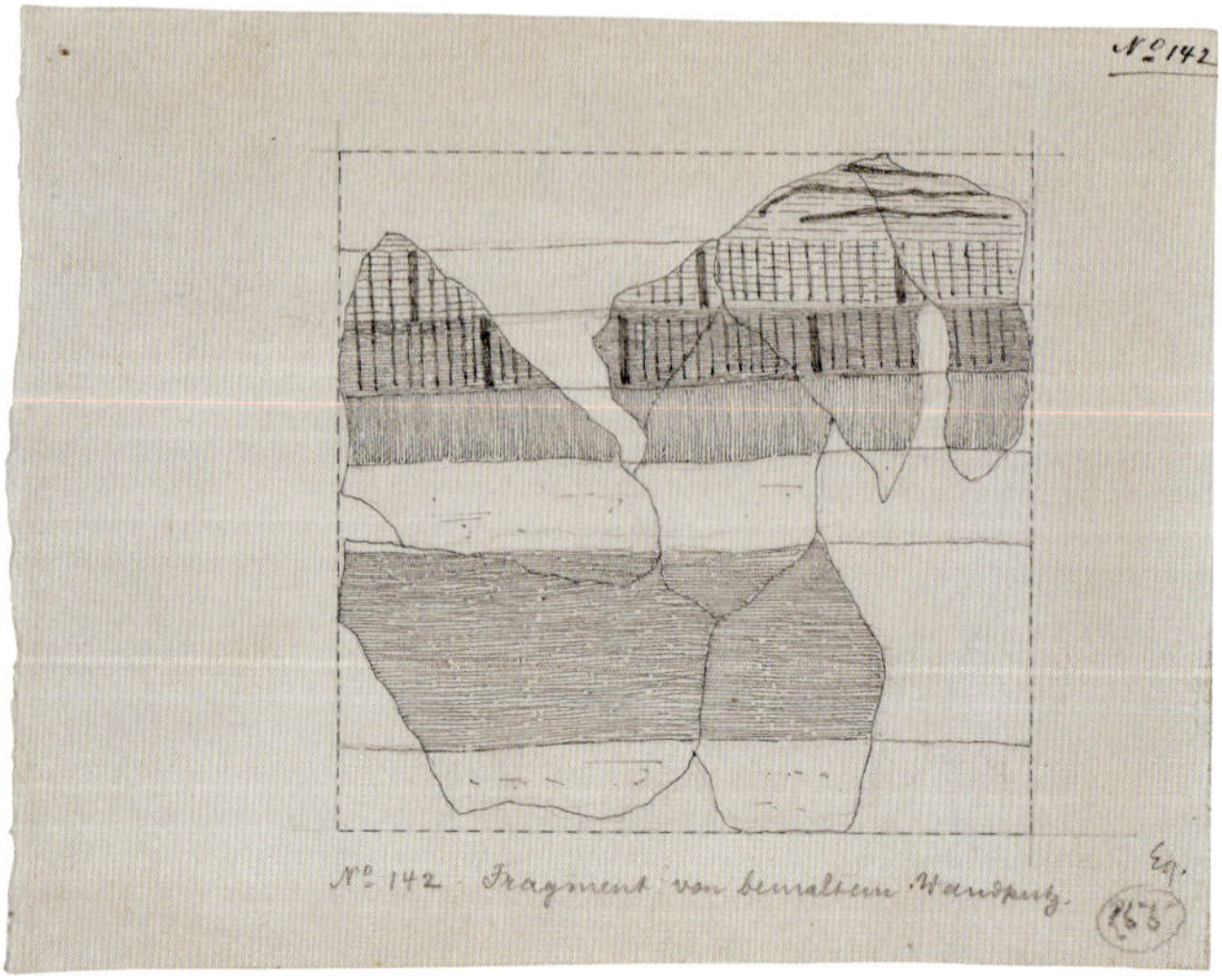

挿図 142「彩画壁面漆喰の断片」原画

12.2cm×15.6cm

原図には No.142 と描いているが報告書では No.141 に変更されている。

挿図 159「アルカイック期の像」原画

23.1cm×14.0cm

アルカイック期（前 7〜6 世紀）の土偶であろう。顔は鳥のようで、円盤状粘土を張り付けて目にしている。

挿図 156「吊り下げ用の像」原画

11.5cm×6.0cm

土偶で、上部が欠損している。原図はなぜか左斜めに描かれているが、報告書ではまっすぐにレイアウトされている。LH Ⅲ期に属する。

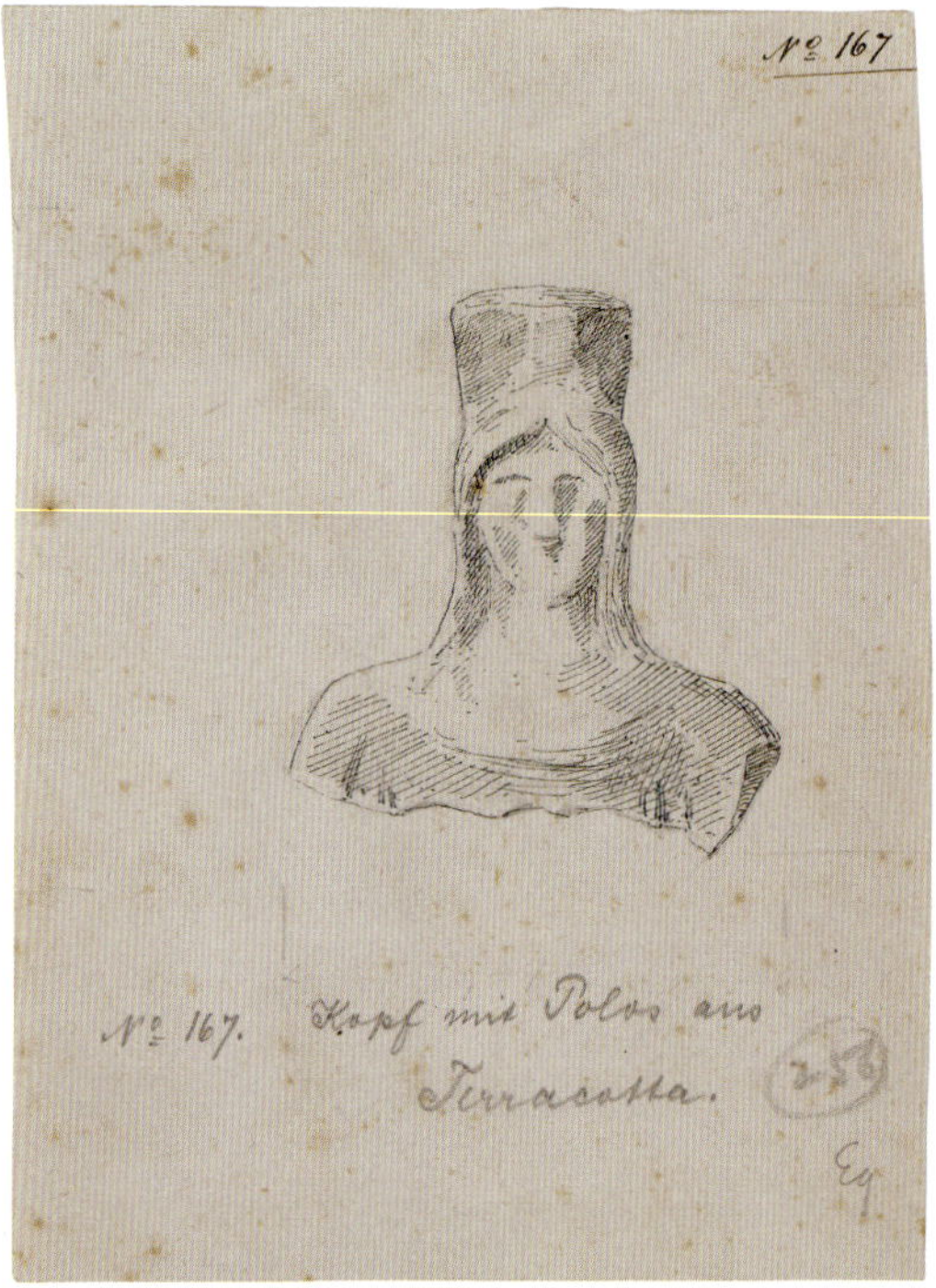

挿図 167「ポロスを被るテラコッタ女性頭像」原画

14.0cm×10.3cm

ポロスをかぶった女性で胸部までしか残っていない。ポロス Polos とは円筒形をなした女性の冠である。アルカイック以降。

挿図 165「テラコッタ女性立像」原画

23.1cm×9.5cm

アルカイック以降の立像で、腕が突き出て立体的である。これは組み立て式によるもので、型で作ったパーツを組み合わせている。左手にはおそらく大きな鉢を持っていたと思われる。

第四章

黎明期の考古学と報告書

十八世紀末のナポレオンによるエジプト遠征をきっかけとして、堰を切ったように西欧列強はオリエントに進出し、宝物を掘り当てる発掘合戦をくり返した。黎明期の考古学は未熟であったが、中には発掘を通して古代の生活を思い浮かべ、報告書を作成して貴重な情報を残そうとした人物もいた。シュリーマンもその一人であった。

【地中海の考古学】

学問が世界認識の方法であるならば、学問の歴史とは人間の世界認識の歴史に他ならない。特に考古学という学問とその特徴的な方法論である発掘調査とは、常に時代の最新の文理の学問を融合した複合科学であり、人類が実証的に世界理解を試みる時の先兵であり、またゆえに時代の哲学・思想や科学・技術や経済や国内外の軍事・政治状況までをも如実に反映することに面白さがある。

古代ギリシアは古代ローマによって前二世紀から前三〇年にかけて軍事的に征服された。しかしギリシアの美術と科学は古代ローマ人たちにとってむしろ崇め倣う対象であり、それゆえに略奪の対象でもあったが、「ギリシア趣味」としてローマ文明の中に取り込まれていった。後二世紀にはギリシア人旅行家パウサニアスがギリシア本土各地を訪れ『ギリシア案内記』を書いている。しかし異民族の侵略、キリスト教の台頭がギリシア神殿の破壊をうながした。ギリシア文明はキリスト教文明に対する異教文明であり、例えばパルテノン神殿もマリア教会に変更された。一〇五四年にローマ・カトリック教会と東方正教会が分離した以降のギリシアは、西ヨーロッパ人にとって不信感を抱く対象であり、十字軍遠征途上の場でしかなかった。

ルネサンス時代には、ギリシアの文献に拠って神話、演劇、哲学は各地のサークルで研究されたが、十五世紀のアンコナ出身の商人キリアコスを除き、その遺構や遺物そのものは殆ど知られていなかった。古典復興は、ギリシア文明ではなくローマ文明を学ぶことによりなされた。

一四五三年にはオスマン帝国がコンスタンティノープルを攻略し、一四五八年にはアテネを占領しパルテノンはモスクに改装される。ギリシアは名実共にオリエントの一地方となった。

十六〜十七世紀にはギリシアへの旅行が盛んとなった。貴族や学者は、ギリシア彫刻や碑文のコレクションを競って自宅や庭に作った。駐トルコ仏大使ノワンテルはギリシア各地で浮彫、石碑等を略奪し、その一環で一六七四年に画家カレーにパルテノンの彫刻等を素描させたことは大きな功績となる。考古学とは文献史料だけでなく遺構と遺物・碑文をも情報源として扱う方法論であるが、その点で現地を直接に調査してその記録を公刊したヤコブ・スポンがギリシア考古学の創始者である。

古代諸文明以来、ユーラシア大陸では常にオリエント文明が先進し優勢であった。しかし一六八三年からの第二次ウィーン包囲でのオスマン帝国の敗北により、その東西の軍事的な優劣が初めて逆転する。このような中、一六八七年にヴェネツィア軍がオスマン帝国の弾薬庫であったパルテノンを砲撃し、西洋文明の一つの初源であり最高峰ともいえるギリシア美術の多くを撃破したことは皮肉である。

十八世紀はグランド・ツアーの時代である。イギリスやヨーロッパ本土の上流階級の子弟は、新たな価値観の源泉を古典古代とルネッサンスに求め、フランスやイタリア、ギリシアへ旅した。イタリアでの現地調査と報告も進み、一七三八年にヘルクラネウム、一七四八年にポンペイの発掘が開始され、パエストゥムやシチリアの神殿も発掘された。ケーリュスは文献資料だけでなく遺跡・遺物にも依拠して古代を考察し、ヴィンケルマンは『古代美術史』等で様式の概念を提示した。ただし両者ともギリシアの現地に立ったことはない。

ヘレニズム時代の諸王朝はギリシアの後継者であることを競ったが、十九世紀のヨーロッパ諸国も同様で、現地を発掘しそこからの美術品を自分の都の新しい中央博物館に飾り国威発揚を図った。ナポレオンは一七九九年にエジプトでロゼッタ・ストーンを見つけ、バイエルンはアファイア神殿破風彫刻等を、フランスはミロのヴィーナスを手に入れた。一八〇一~〇五年にはエルギン卿によりパルテノン神殿の彫刻が剥取られ、「エルギン・マーブルズ」として大英博物館を飾った。こういった行為は現代からみれば略奪と言ってよく、文化財返還問題の決着は未だについていない。

一八二一年からのオスマン帝国からの独立戦争を経て、イギリス、フランス、ロシア、バイエルンなどの協力の下、一八二九年にギリシアは独立した。コリントスがローマによって陥落した前一四六年から数えるとするならば、実に二〇〇〇年近く経っていた。独立に際し、ギリシアは文化財を守るべく法律の整備や考古学担当局(局長はドイツ人)の設置等を進め、アテネのアクロポリスは一八三五年に一般公開された。

十九世紀後半には本格的な発掘が始まる。考古学は動産(遺物)だけでなく、その本領は不動産(遺構)を対象とする発掘である。そのために列強は、イタリアやギリシアに研究所を創設した。ドイツ考古学研究所、エコール・フランセーズなどであり、現地に根を下ろした組織的な教育と研究は現在に至るまで継続している。フランスはデルフィの遺跡の上の村を移動までして発掘を敢行し、ドイツはオリュンピアを発掘し、この時期に始まる列強各国の発掘は基本的に現在も継続している。特に十九世紀後半にはギリシア人によるアテナイ、アッティカ、エピダウロス等々での調査・発掘も盛んになり各地に博物館が創設された。但し、これらの成果は、地上に廃墟が視認されたり、パウサニアス等の古代文献により既知の遺跡が主であった。

この点で画期的であったのが、一八七〇~七三年にトロイア、一八七四年にはミケーネ、一八八四〜八五年にはティリンスを発掘したシュリーマンと、これらの遺跡よりもさらに時代の遡るクノッソスを九九年から発掘したエヴァンズである。キクラデス諸島でも、ミケーネが属する後期青銅器文化にさらに先行する前期青銅器文化があるとの仮説に基づき、セオドア・ベントらにより八四年以降に調査が行われ、時代区分と編年に成果があった。

文字史料と、それについて語る文字史料が殆どない文明あるいは時代区分が発見されたのである。これにより「ギリシア」の歴史は、アルカイック時代よりもさらに何千年も遡ることとなり、過去に向けて大きく可能性が拡大した。シュリーマンの発掘方法などは、現代からみれば現代の水準に及ばないが、当時として十分に真摯なものである。また報告書の素早い作成による成果の公開に力を傾注し、その完成度も高い。情熱と学問の見事な合致をそこに見ることができる。

このような実証的な研究が進み神話や伝承は否定される傾向にあったなかで、一方で特にシュリーマンの業績は、十九世紀後半の当時においてのみでなく、今日も大きな意義を有する。つまり本村凌二氏の指摘によれば、紀元前一千年紀前半より遡る世界では、ギリシアの神々はおそらく直接に人々に囁きかけ、人々の感情と意志を誘導していたのである。それが「神話」と呼ばれるものであり、同時に実際の人々の心性でもあった。しかし次第にそのような古代人の精神構造は薄弱となり、人々は敢えて神託を得るように努めたり、預言者にすがるようになり、遂には唯一神を崇めるようになり、古代という人類史上で最も長い時代は終わる。

シュリーマンが掘ったものは、このような神々の息吹に満ちた古代人の心性の世界の核である。またその発見が、シュリーマンが江戸時代慶応年間の日本の八百万の神々に触れた直後であったことは実に面白い。トロイア、ミケーネ、ティリンスにみる心性の世界は、おそらく今後も人間のひとつの基層として、その重要性が褪せることはないであろう。

〈芳賀　満〉

【アナトリアの考古学】

前五世紀のギリシアの歴史家ヘロドトスが残した史書『歴史』には、彼よりも約八〇〇年前にアナトリア(現在のトルコ)で栄えたヒッタイト帝国のことも、彼が生まれる一〇〇年ほど前に滅亡したウラルトゥ王国のことも言及されていない。『歴史』にはカラベルにある磨崖碑文が言及され、彼はエジプト王センウセルトが残したものと紹介しているが、実際はヒッタイト時代のものである。その後の時代の人々にとってはこの『歴史』が現存する最古の史書となったため、アナトリアに栄えたギリシア人以前の古代王国はほぼ完全に忘れ去られてしまった。ヒッタイトは旧約聖書にわずかに言及されるのみ、ウラルトゥは東アナトリアの最高峰アララト山にその名を残すのみであった。

十七世紀にオスマン帝国の地理学者キャーティプ・チェレビーが著書『世界の鏡』の中で、イヴリズに残る後期ヒッタイト時代(前八世紀)の磨崖碑文に言及することはあったが、アナトリア各地に残る古代遺跡に現地人が関心を払うことはほとんどなかった。

十八世紀、西欧諸国がオスマン帝国に経済的な進出を始めると、ヨーロッパの商人や軍人がアナトリアを訪れる機会が多くなり、その地に遺された古代遺跡への興味が高まっていった。ただ、当時のヨーロッパ人の関心は専ら自らの文明のルーツとみなしていたギリシア・ローマ文明に向けられていたため、まずその時代の遺跡が集中するエーゲ海沿岸やアナトリア南西部のリュキア地方への踏査が始められた。

こうした沿岸部はともかく、当時内陸部の探検は危険を伴った。ヨルダンのペトラ遺跡を発見したスイスの探検家ブルクハルトは、現地の商人に変装して探検したが、スパイ容疑で捕まったりもした。彼は一八一二年にシリアのハマで見知らぬ文字が刻まれた石碑が市場の壁に再利用されているのを発見したが、これがヒッタイト象形文字の最初の報告例となった。一八二七年にはドイツ人シュルツがアナトリア東部のヴァンで楔形文字碑文を発見して記録した。これがウラルトゥ王国に関する最初の発見となったが、彼は二年後にクルド人の村で殺害されてしまった。

十九世紀初頭にオスマン帝国が弱体化し、ギリシアの独立に始まるいわゆる「東方問題」が顕在化すると、西欧列強はオスマン帝国の領内や利権に露骨な野心を持つようになり、このことはアナトリアに残る古代遺跡への関心も高めることになった。

第一次エジプト・トルコ戦争終結直後の一八三四年、フランスの建築家テクシェは、アナトリア内陸部への踏査を敢行した。彼は当初ローマ時代の都市タウィウムの遺跡を探していたのだが、その途上通りがかったボアズキョイという寒村で、城壁に囲まれた巨大な都市の廃墟や、独特な図像が刻まれた磨崖碑を発見した。明らかにローマ時代のものとは異なるこの遺跡を、テクシェはヘロドトスが『歴史』で伝えているリュディア時代(前六世紀)の都市プテリアの跡であろうと考えた。後を追うように一八三六年にイギリスの地質学者ハミルトンがアナトリア内陸部の踏査を行い、ボアズキョイのほかにもアラジャホユックやエフラトゥン・プナルなど、当時は完全に忘れ去られていたヒッタイト帝国時代の遺跡やモニュメントを発見した。

一方、一八三八年からはイギリスの考古学者フェローズがリュキア地方の探検を行い、クサントスの遺跡を発掘し、数多くのレリーフを大英博物館に持ち帰った。

こうした機運を受けて、一八四六年にオスマン帝国は集めた古物を首都イスタンブルの聖エイレーネー聖堂跡に収蔵したが、その収蔵品はもっぱらギリシア・ローマ時代のものであった。

十九世紀後半、オスマン帝国の西欧的改革への志向からお雇い外国人も増え、外国人による調査が活発化することになる。ドイツ人フマンによるヘレニズム時代の都市遺跡ペルガモンの調査、そして同じくドイツ人シュリーマンがヒサルルク(トロイア)の発掘に着手したのにはこうした世相があった。一八六九年にオスマン帝国は国内最初の博物館の設置を決めたが、政争や財政悪化のために中止された。一八七二年には改めて博物館設置が決定されたが、在留ヨーロッパ人はこの施設を西洋の下手な模倣と嘲った。この翌年シュリーマンがトロイアで発見した「プリアモスの財宝」をこの博物館に納めることを拒否し、国外に持ち出したことはよく知られている。

その一方でこの博物館の設置準備は、まだ解明が進んでいなかったヒッタイトについての研究を進めることになった。

アラジャホユックのスフィンクス門。1836年にハミルトンが発見した当時から地表に露出していた。

一八七二年、アイルランド人宣教師ライトはオスマン帝国官憲の協力を得て、六〇年前にブルクハルトが発見したハマの石碑を取り外し、イスタンブルへ送った。一八七四年にはスミスがカルケミシュを発見し、同年イギリスの言語学者セイスは、ハマやボアズキョイ、カルケミシュなどで見つかった未知の象形文字に共通性があることを指摘し、これが旧約聖書に登場するヘテ(ヒッタイト)人のものではないかとする予察を発表した。

一八七八年には大英博物館がカルケミシュで発掘を開始した。一八七九年にはやはり大英博物館の委託を受けたラッサムがヴァン湖の畔にあるトプラクカレで発掘を開始したが、この発掘は宝探し的なやり方で行われたうえ、出土品の一部が欧州各国に流れてしまう結果に終わった。トプラクカレは紀元前七世紀頃のウラルトゥ王国の城跡であるが、一八八二年にセイスによりウラルトゥ語が解読され、アッシリア帝国の宿敵であったウラルトゥ王国が再発見されることになった。

一八八一年、オスマン・ハムディがイスタンブル博物館設立の責任者に任命された。フランスに留学した西欧的知識人である彼により、ようやくトルコ人による発掘がオスマン帝国各地で始められることになる。同時に、シュリーマンによる「プリアモスの財宝」の持ち出しを苦い教訓として、一八八四年には「古物保護令」が発布され、オスマン帝国内の埋蔵文化財は持ち出しが厳しく制限されるようになった。

一八八八年、アナトリア南東部のジンジルリ遺跡で、ペルガモン遺跡の発掘者でもあるフマンが発掘に着手した。この発掘はそれまでの宝探し的な発掘と異なり、入念に準備されたアナトリアにおける最初の科学的発掘と評価されている。この発掘で大量の「ヒッタイト的な」レリーフ(後期ヒッタイト時代)が出土し、その多くは友好国ドイツとの協定によりベルリンに運ばれた。

一八九一年、長い準備期間を経てイスタンブル帝室博物館は正式にオープンした。こうしてアナトリアの考古学は探検から科学の時代へと移っていくことになる。しかし、テクシェが発見した謎の都城遺跡ボアズキョイがヒッタイト帝国の都ハットゥッシャであったと判明し、ヒッタイト帝国が再発見されたのは、ようやく二〇世紀に入ってからの一九〇六年、さらにヒッタイト語が解読され印欧語族に属することが確認されたのは、第一次世界大戦中の一九一五年のことであった。

〈津本英利〉

【メソポタミアの考古学】

西アジアは十九世紀前半までオスマン帝国の支配下にあり、一部の探検家や商人以外、容易に踏み込めない地域であった。ヨーロッパ人にとってはヘロドトスや聖書が古代西アジアに関する主な情報源で、実際に確かめるすべはなかった。デンマークのC・ニーブールは一七六一年、アラビア半島を踏査する探検隊に参加した。ペルシアのペルセポリスで精確に模写した楔形文字碑文を*Description of Travels in Arabia*(一七七八年)で発表し、楔形文字解読の端緒となった。一八〇八年、英国東インド会社のバグダッド駐在員に任命されたC・J・リッチはバビロンやニネヴェを調査した。バビロンでは簡単な発掘を試み、精確な地図を作成した。英国のH・ローリンソンはインド軍将校としてペルシア西部へ配属され、ビストゥンの岩壁に刻まれたペルシア王ダリウス一世の戦勝記念碑文を精確に写した。この碑文は、同一の内容が三つの言語(古代ペルシア語、アッカド語、エラム語)の楔形文字で記されていた。E・ヒンクス(アイルランド)やJ・オペール(フランス)らと解読に取り組み、一八四七年にその正しさが認められた。

十九世紀後半になると、イギリス・フランス、ついでドイツ、アメリカが、西アジアにおける政治的存在感を強めていく。有望な考古遺跡を確保し豪華な考古美術品を発掘することは自国の存在感を高める手段となった。

E・ボッタはニネヴェを調査するためにフランス領事としてモスルに派遣された(一八四二年)。ニネヴェでは目立った成果を得られなかったが、ホルサバードで多数の石製レリーフを発見し、ルーヴル美術館に送り、大衆に古代アッシリアの実在を知らしめた。イギリスのA・H・レイヤードはニネヴェとニムルドを発掘し、アッシリアの有翼人頭牛像やアッシュルバニパル王の文書庫から数千点もの粘土板文書を発見した。これらの発見を記した*Nineveh and Its Remains*(一八四九年)はベストセラーとなった。イギリスはレイヤードの発掘品を大英博物館に運ばせ、英仏間の発掘競争が激化していった。

ニネヴェの粘土板の整理に当たっていたG・スミスは一八七二年、文書の中にノアの洪水伝説と酷似する記述があることを発表し、一大センセーションを巻き起こした。さらにこの文書はアッシリアよりはるかに古い時代に記された物語に由来することが推測され、失われた古代文明への探求がはじまった。一八七七年からのE・ド・サルゼックによるテルローの発掘で多数のシュメール語楔形文字粘土板やラガシュの統治者グデアの彫像が発見され、シュメール文明の存在が示された。

閃緑岩製グデア像(天理参考館蔵)

当時はヨーロッパ文明が人類発展の到達点であると信じられていたため、その起源である西アジアの古代文明を探る考古学調査が博物館や政府により支援された。また十九世紀の終わりには考古学が専門的な学問として確立しようとしていた。発掘も、粘土板や豪奢な工芸品を求めるだけではなく、小遺物や層位的コンテクストにも注意が払われ、相対編年の確立が重要課題となった。シュメール文明の起源を求め、考古学者の関心は先史時代へと広がる。従来の破壊的な発掘は時代遅れとなり、考古学的方法論が洗練されていった。

〈須藤寛史〉

【パレスチナの考古学】

西アジアの遺跡はテルと呼ばれる丘状を呈している。これは長年にわたる人々の居住によって形成された人工の丘である。

乾燥した地域で人々が集落を形成するにあたって、まず、第一に重要となるのは水源の確保である。また、交通の要衝であることも集落の立地を決める重要な要素となった。その他、周囲に広い耕作地があることや、外敵からの防衛に適した所に位置することも、その要件となったであろう。こうした諸条件の揃ったところは限られているので、時には人々は何千年にもわたって、同じところに住み続けた。

西アジアの建築には専ら石や日干レンガが用いられたが、集落が外敵によって破壊されたり、放棄されると風雨に晒された日干レンガは再び土にもどる。こうしたことが、何千年も繰り返されると、遺跡は各時代の人々が使用した土器や石製品などを包含した、日干レンガの崩れた土の層となって堆積し、どんどんと高くなっていく。これがテルである。

パレスチナの地域にもまた、テルが分布する。このパレスチナで、最初に科学的な調査を行ったのはW・M・フリンダース・ペトリーであった。ロンドン大学エジプト学講座の初代教授である。

テル・エル・ヘシ遠望

ペトリーはガザの北東二五㎞に位置するテル・エル・ヘシで、初めて組織的な調査を実施した。一八九〇年のことである。この年は、シュリーマンがイタリア旅行中にナポリで急死した年でもある。

この時代の発掘は博物館などに展示されるような美しい装飾品や完全な形をした土器などの出土品が重要視され、人々が日常使用した土器の破片などは見向きもされなかった。まだ、出土した土器から遺跡の年代が判定される時代ではなかったのである。しかし、ペトリーはテルの重層する層位に包含された土器が時代ごとに変化することに気づき、それらによって、時代の新旧を明らかにすることができると考えた。

ヘシでは長期に亘る人々の居住の跡が確認され、テルの高さは二〇mに達する。遺跡は東を流れるエル・ヘシ川によって、東部が大きく浸食され、崖面には幾重にも重なる層位が現れていた。この崖面の調査で各時期の土器片が発掘された。出土した土器は実測図が作成され、出土地点や標高、土器の色調などの情報と共に報告書に掲載され、出土した標高を基準に年代順に並べられた。

パレスチナにおけるペトリーのこの調査の方法は、まさに現代に通じる科学的な考古学の嚆矢となるものであった。

〈日野　宏〉

【古代エジプト】

シュリーマンはトロイアを発掘する前の一八五八年と一八六四年に、ティリンスを発掘した後の一八八六〜八七年と一八八八年に、それぞれ二回ずつエジプトに旅行している。初めの二回は商売より学問に憧れていた頃の旅行であったが、後の二回は押しも押されもせぬ考古学者としての調査であった。常に比較資料を探し求め、アレクサンドリアでは短期間の発掘もしている。古代エジプト文明はシュリーマンに影響を与え、古代ギリシア文明を解明するヒントを与えていた。

黒頂壺

ナカダⅠ－Ⅱ期（前 4000-3300 年頃）
エジプト　高 11.5cm　土器

全体が赤褐色で、口縁部が黒くなっている、先王朝の特徴的な土器である。時代名称ともなっているナカダ遺跡は 19 世紀に有名な考古学者ペトリーが多数の墓を発掘したことで有名である。彼はどの墓が一番古いのかを明らかにするために、墓に副葬されている土器に注目し、独自の編年法を確立した。この研究方法が日本に伝わり、縄文土器や弥生土器の研究に応用された。ペトリーが観察した土器の中にもこれに似た土器がたくさんあった。

船文双耳壺

ナカダⅡ期（前 3800-3300 年頃）
エジプト　高 14.8cm　彩文土器

先王朝時代の彩文土器である。卵形をした胴部に広めの口縁部と小さな耳（把手）が付いている。一面に文様が描かれている。メインは上半部一面を飾っている、ナイル川を渡っていた船である。湾曲した船体から出る無数のオール、船室、植物の枝、船ごとに異なる旗のような印、舵である。船の下には、方形の幾何学文様がある。これは一般に船のマストをあらわしているとされている。類例はたくさん発見されているが、施されている文様は似通っている。

男性被葬者像

古王国時代　高 26.8cm　エジプト　石灰岩

胸部以上の男子像残片で下半身は欠損しているが、本来は全身像で、立像か椅像である。左肩に他の人物の手が見られる。おそらく夫婦像で、右側には寄り添う妻がいた。被葬者の依代として墓の建造物であるセルダブに安置されていた。参拝者はそれを拝み供物を捧げた。

枕

新王国時代　エジプト
高 20.0cm　幅 18.0cm　木

枕は実用品としても副葬品としても、新王国時代以降も長らく使い続けられた。

枕

古王国～中王国時代　エジプト
高 20.0cm　幅 16.0cm　木

支柱が裾で広がり、幾筋も縦方向に稜線が走った枕は、古王国から中王国にかけて流行した。目覚めるとともに枕から頭をあげるので、その行為がまさに天に昇る太陽を象徴していた。死者の復活の意味が込められている。

供養碑

新王国時代（第 18 王朝）
エジプト　高 68.0cm　石灰岩

沈み彫りと浅浮き彫りで文様を描き、部分的に彩色を施している。半円形の頂部には聖眼ウジャトが、その下には食事風景が見られる。ヒエログリフの銘文から、上段にいるのは、椅子に座った墓主である大臣トトメスと供物を捧げるその息子、下段にいるのは墓主の妻とそのほかの家族たちであることが分かる。同時期の供養碑の中でも格調あるものとして、その評価は高い。

カノプス壺

新王国時代　エジプト
高 42.5cm　方解石製

ミイラにする際、取り出した内臓（胃、腸、肺、肝臓）を保存処理して収める容器をカノプス壺という。それぞれの内臓には守護神がいて、壺の蓋はその頭部をかたどったものとなっている。

マイアの供養碑断片

新王国時代　高 32.0cm　幅 57.0cm
奥行 10.8cm　石灰岩

新王国時代特有の戸口をかたどった供養碑の下半分である。残存部分は最下段部分と僅かに残るその上段部分のみである。上段は凸状に浮き出る浮彫で、建物に向いた 2 人の足が見られる。最下段は、図像が背景より窪んで表現されるエジプト特有の沈み浮彫で刻まれている。左端に坐っている死者に、列をなして供養をする 4 人の子供を描いている。銘文より被葬者はマイアであることが分かる。

人形木棺断片

新王国時代後期～第三中間期
高 51.0cm　幅 19.0cm
木　漆喰　彩画

人形木棺の側面部分である。棺外側には聖なるコブラとマアト（秩序）を象徴する羽根とが交互に配された文様帯があり、その下には左から坐る神々、太陽舟、翼を広げるフンコロガシであらわされた太陽神が描かれている。内側にはミイラの姿をした神々が描かれている。

精霊像

新王国時代　エジプト
高 52.0cm　幅 18.5cm　木　彩画

デモン（魔物）と呼ばれる精霊像である。黄泉の国には洞窟や穴がたくさんあり、そこには無数のデモンが住んでいた。死者はそこを通行しなければならないが、デモンは死者を阻む。しかし、このデモンも墓の壁画に描いたり、木彫を埋葬したりすれば、逆に死者を守ると考えられていたようである。

ヌン碗

新王国時代（第 18 王朝）
高 3.0cm　径 15.6cm　ファイアンス

睡蓮と魚の組み合わせは新王国時代に頻繁に見られる。このような文様は神々が生まれる以前に存在した「原初の水ヌン」を表しているのではないかともいわれていて、このタイプの碗をヌン碗とも呼ぶ。

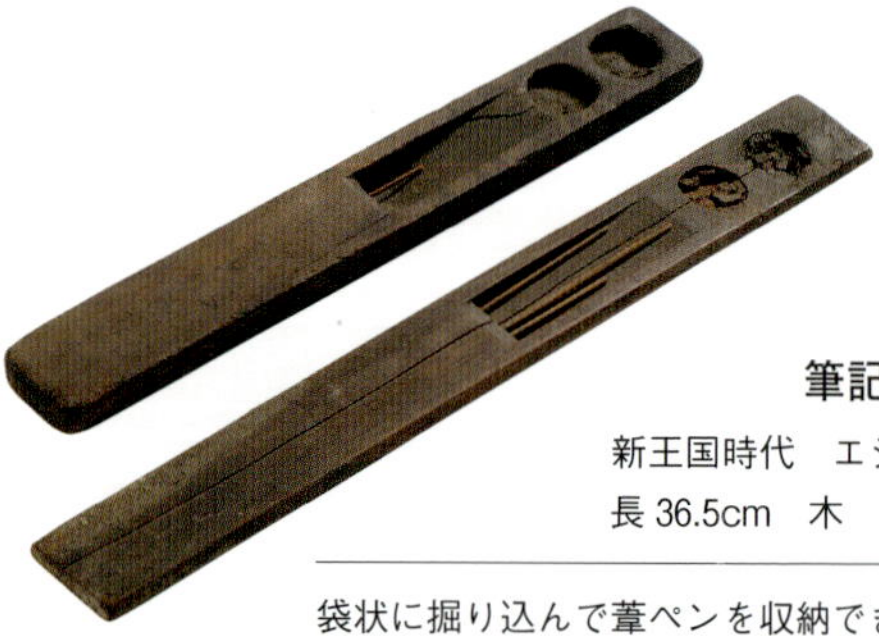

筆記用具

新王国時代　エジプト
長 36.5cm　木　葦

袋状に掘り込んで葦ペンを収納できるようにされていて、その上部には赤と黒のインクを入れた 2 つの丸い窪みがある。

人形木棺顔部分

第三中間期（第 21 王朝）　テーベ出土か
高 20.5cm　幅 17.5cm　木　漆喰　彩画

棺に貼り合わせた顔の部分である。一木造りの木棺が最高品ではあったが、大きな木材を入手するのが困難なエジプトでは、木材を継いで作ることが多かった。棺でも盛り上がっている顔部分は通常、別作りにして本体と張り合わせていた。黄色地に青緑で髪が描かれていることや、頭の特徴的なバンド装飾より、第 21 王朝のテーベで作られたと推定されている。

人形木棺顔部分

末期王朝時代（第 25 王朝もしくは第 26 王朝）
高 36.0cm　幅 36.5cm　木　漆喰　彩画

大型木棺の顔の部分で、おそらく一番外の棺だと推定される。一枚の木板から加工されている。赤褐色の肌とロータスの花弁文をあしらった頭飾りが特徴的である。頬はふっくらとし、目は大きく、鼻筋はまっすぐに通っている。当時の理想的な顔を表現していると言う。顎先には髭をつけるための孔が穿たれている。裏面には布と接着剤が残っており、棺本体に貼り付けられていたことが分かる。第 25～26 王朝ではこのような大型棺がリバイバルした。

人形木棺

末期王朝時代　エジプト・アクミーム
長 193.2cm　木　漆喰　彩画

頭頂部から側頭部にかけて直角になっていて、肩がはっきりと張り出している。花文装飾帯が腹部まで描かれている。花文装飾帯から脚部にかけて格子状に区切られていて、その中に銘文と神々の図像がある。こうした特徴から末期王朝の作例であることが分かる。さらに棺の側面には蛇が描かれているのだが、これはエジプト中央部のアクミームで作られたことを示す。脚部の銘文は縦三列に書かれている。むかって右より「……の主アヌビス……ハトホル……」、「神の母イシス、……聖なる土地の主アヌビス」、「西方の者たちの長、大神、アビュドスの主、ソカル、オシリス……による言葉」と読める。

墓壁断片浮彫

末期王朝時代　エジプト
幅 57.0cm　石灰岩

供物奉納場面を表した浮彫断片である。銘文より墓主である貴族であり神の大法官で、デルタ地帯のセベンニュトス州に関わる称号を持つチャイ・アセト・イムウとその母のため、息子であり孫にあたる人物が供物を捧げた場面であることが分かる。

聖牛アピス文断片

末期王朝時代　エジプト　幅 22.5cm
木　漆喰　彩画

聖牛アピスが遺骸を聖地に運んでいる図が描かれている。アピス神は本来多産豊穣の神であったが、末期王朝にもなると死者はアピスの背に乗せられ冥界へと運ばれると信じられるようになる。木棺の台座部分もしくはカノポスを収納する櫃の断片であろう。

王頭像

末期王朝時代　エジプト
高 11.8cm　石灰岩

大きな像を作るための見本として作られたモデル。

トキ像

末期王朝時代（第 26 王朝）　エジプト
高 29.6cm　木　青銅　ガラス

トキは神聖な動物として崇められた。特に第 26 王朝に動物信仰が広まりトキ像は大量に作られ奉納された。

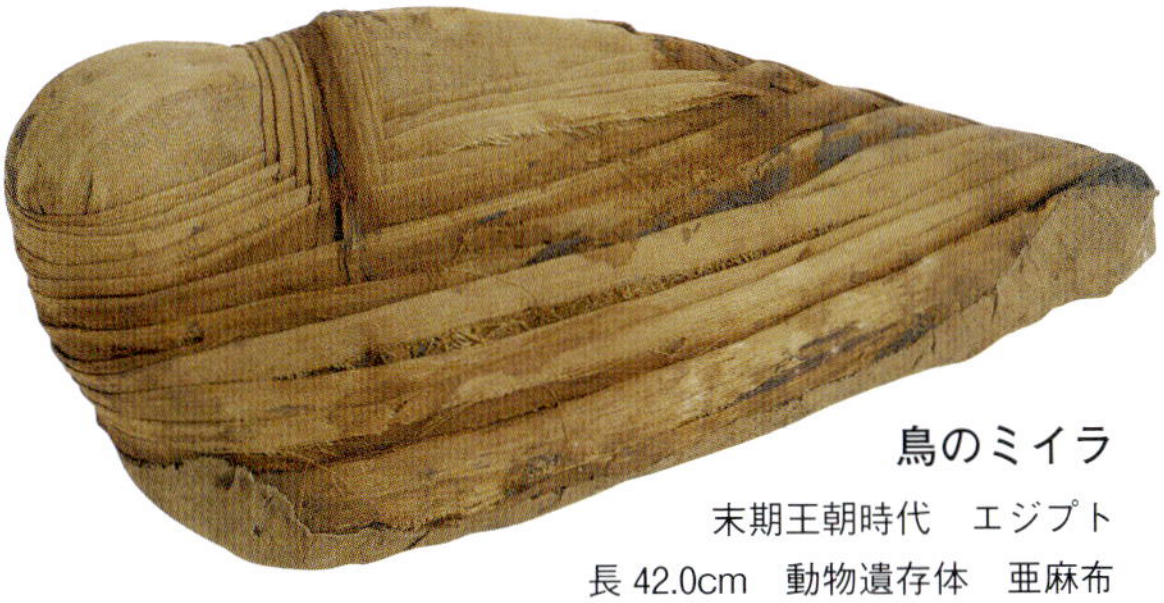

鳥のミイラ

末期王朝時代　エジプト
長 42.0cm　動物遺存体　亜麻布

末期王朝時代では動物信仰が盛んとなり、聖なる動物がミイラにされ、神殿に奉納された。X 線透視をしていないので内部は分からないが、外形から判断して鳥であるのは間違いない。

授乳するイシス神像

プトレマイオス朝時代　エジプト
高 32.0cm　木・金・青銅

椅座するイシス神が子供ホルス神に授乳している像である。本体は木彫で、神体は金箔で被っている。子供であるホルスは別作りであったようで、現在は欠落している。本来ならばイシス神は頭部には椅子の象徴物を戴いているが、本例は牡牛の角と日輪からなる象徴物を戴いている。これは母性の女神ハトホルを表している。プトレマイオス朝ではイシスとハトホルは同一視されていた。

オシリス神像

末期王朝時代　エジプト
高 19.6cm　幅 6.0cm　閃緑岩

冥界神オシリスの石像である。膝より下は欠損している。王冠を被り、広襟飾りを付け、付け髭して、笏杖《しゃくじょう》を持っている。このようなミイラ姿はオシリス神の一般的な表現である。末期王朝ではオシリス神信仰が民間で広まった。

スフィンクス

プトレマイオス朝時代　エジプト
写真右長 50.8cm　石灰岩

板状の台座の上に横たわっている、人頭スフィンクス像一対である。前頭部にはウラエウスと呼ばれる聖蛇を付けた、布製の頭巾が左右前方に垂れている。プトレマイオス朝にもなると、私人の墓の棺近くに、魔除けとして一対のスフィンクスが置かれるようになる。

蛇装飾壺

プトレマイオス朝時代
エジプト　高 9.7cm
ファイアンス

プトレマイオス朝では、さまざまな装飾品に蛇のモチーフが使われている。

ミイラ被い

ローマ時代　エジプト
高 45.0cm　亜麻、泥、漆喰など

プトレマイオス朝時代からローマ時代にかけて、カルトナージュでできた頭部、腹部、脚部、そして足先の被いが遺体の上に置かれるようになった。本例は顔の周りの輪郭を赤で縁取っているなどローマ時代の特徴を示す。

【調査報告書初版本】

調査成果をいかに正確に残すかは、産声をあげたばかりの考古学や民俗学にとっては特に重要であった。代表的な調査報告書初版本を見てみよう。

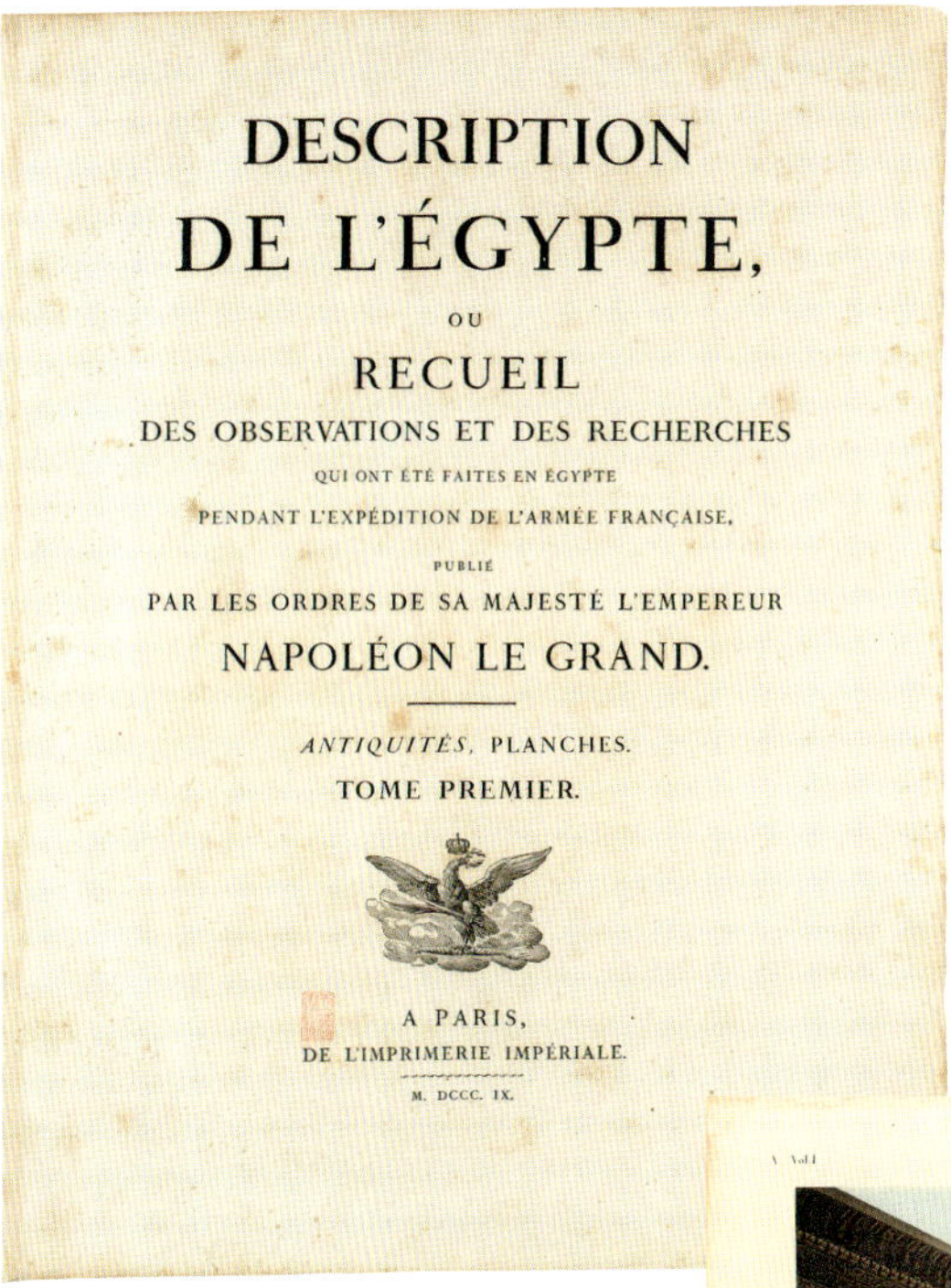

DESCRIPTION
DE L'ÉGYPTE,
OU
RECUEIL
DES OBSERVATIONS ET DES RECHERCHES
QUI ONT ÉTÉ FAITES EN ÉGYPTE
PENDANT L'EXPÉDITION DE L'ARMÉE FRANÇAISE,
PUBLIÉ
PAR LES ORDRES DE SA MAJESTÉ L'EMPEREUR
NAPOLÉON LE GRAND.

ANTIQUITÉS, PLANCHES.
TOME PREMIER.

A PARIS,
DE L'IMPRIMERIE IMPÉRIALE.
M. DCCC. IX.

ナポレオン『エジプト誌』全 21 巻

パリ　1809-1822　天理図書館蔵

ナポレオンは、フランス革命期の軍人。フランス第一帝政の皇帝。『エジプト誌』は、ナポレオンがエジプト遠征(1798-1801)に同行させた学術調査団約 170 名によるエジプト調査報告である。地勢、古代遺跡、動植物、鉱物、さらに当時の人々の日常生活にいたるまでエジプトについて総合的に記録している。

1809 年に始まった本書の刊行は、ナポレオン失脚後も国家事業として継続されて、「古代篇」「現代編」「博物編」「地図編」の全 21 巻、図版総数 894 葉の大冊となった。本書は、フランス出版史上最大の企画と言われる。

シーボルト『日本』全6巻

ライデン　1823-[after 1855]　天理図書館蔵

シーボルトは、長崎出島オランダ商館付き医師。1823(文政6)年に来日した。彼の日本における博物学的・民俗学的調査・研究や長崎郊外鳴滝塾での医学・博物学講義、また、その後のシーボルト事件はよく知られる。

『日本』は、西洋学者による日本研究の不朽の名著とされるが、30年以上にわたる分冊形式での出版のため、本文・図版等の完全な揃いは珍しいといわれる。本書は、シーボルトの長男アレクサンダー(Alexander George Gustav von Siebold, 1846.8-1911.1)旧蔵書で、シーボルト研究家F.M.トラウツ博士の調査により比較的欠落の少ない資料である。

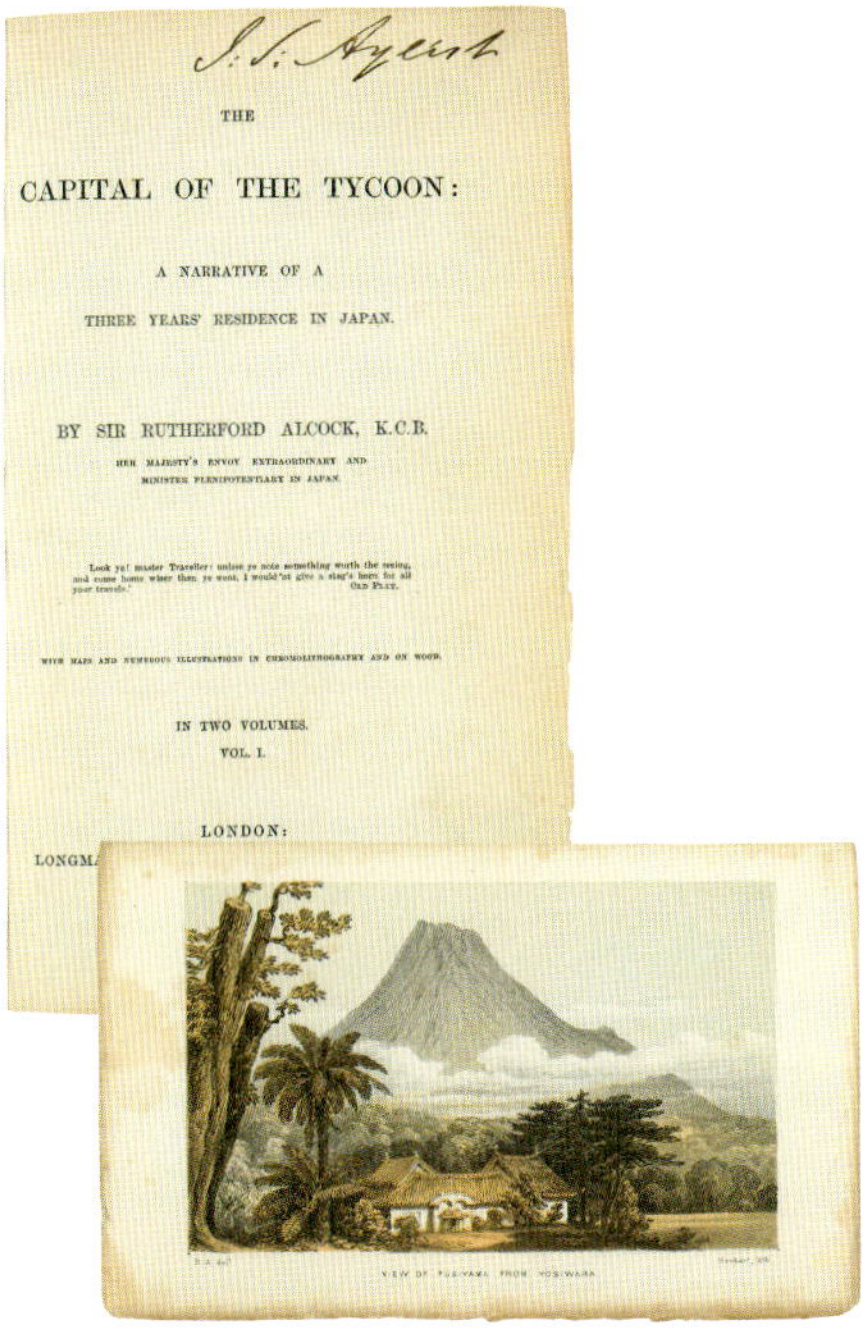

オールコック『大君の都』

ロンドン版　ロングマン・グリーン・ロングマン・ロバーツ・アンド・グリーン　1863
天理図書館蔵

オールコックは、1859(安政6)年6月に江戸に着任したイギリスの駐日総領事兼外交交渉代表。書名‘The capital of the Tycoon’のTycoonは、江戸幕府の将軍を大君と称したものである。

『大君の都』は、来日から1862(文久2)年3月の帰国までの間に起きた日英間の外交交渉や外国人襲撃事件などについて詳細に記録している。随所に幕府役人に対する不満を記すが、日本各地を旅行し自然や景観の美しさを絶賛している。富士登山した初めての西洋人とも言われる。

シュリーマンは、彼の旅行記『中国と日本』で、方々の国で出会った旅行者から日本の評判を聞き日本に憧れを抱いていたと書き記すが、オールコックの本書を研究し、『中国と日本』の記述に影響が見られるほか、来日した折にはアメリカ合衆国臨時代理公使ポートマンを尋ねて特別に江戸見物に出かけている。

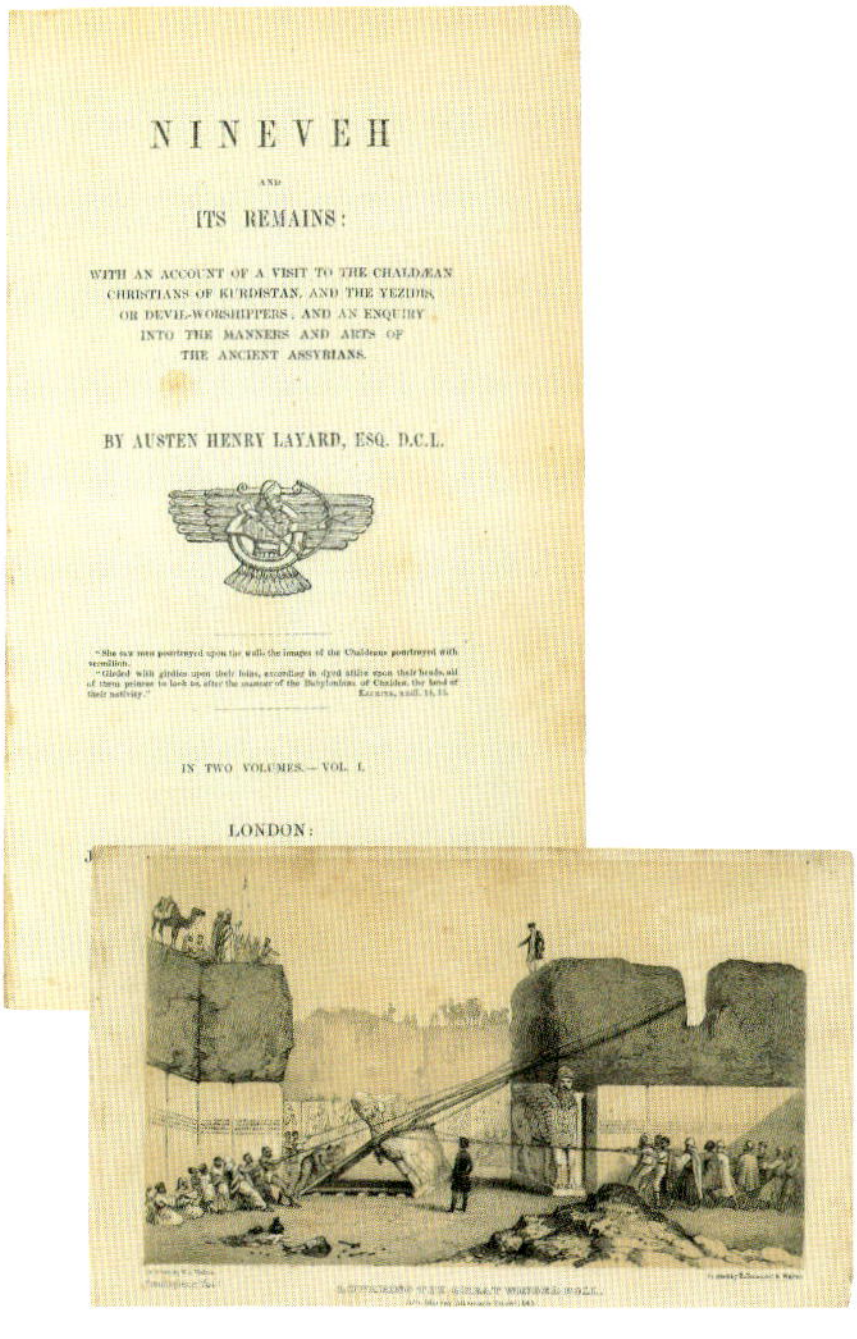

レヤード『ニネヴェとその遺跡』初版

ロンドン　ジョン・マレー　1849
天理図書館蔵

レヤードは、イギリスの政治家。青年時代にペルシアを中心に放浪することがあり、コンスタンチノープルでイギリス大使ストラトフォード・カニングと知り合いになって彼に雇われ、その後、支援を得てアッシリアの遺跡調査に乗り出した。

『ニネヴェとその遺跡』は、現在のイラク北部、チグリス河畔ニムルド遺跡の調査記である。

ニムルド遺跡は、紀元前9世紀のアッシリア王アッシュールナツィルパル2世の時代に繁栄したカルフという都であり、巨大な宮殿や神殿が築かれた。レヤードは、1845年から1847年にかけてこの遺跡発掘を行い、1848年にイギリスに帰国して本書を執筆した。旅行記としての評価も高く版を重ね、翌年には第5版が出版されている。

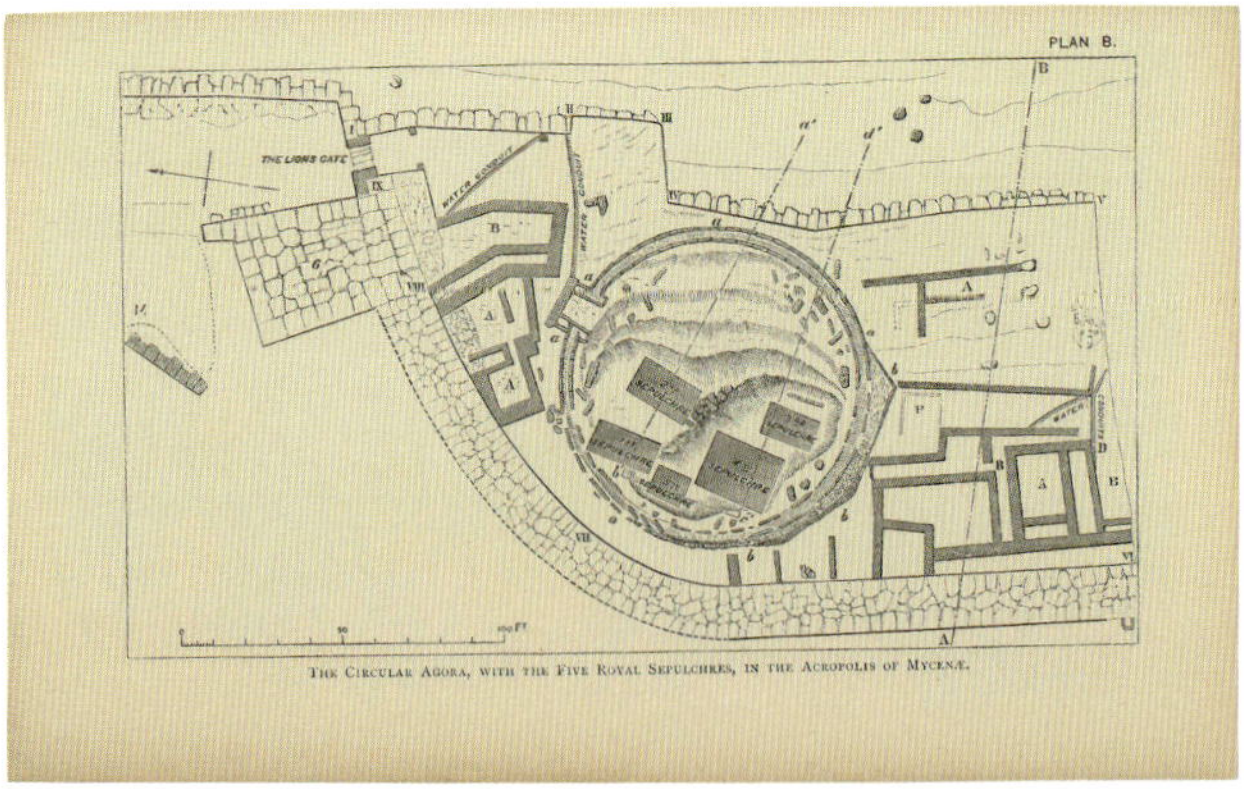

シュリーマン
『ミケーネ』

イギリス版
ジョン・マレー　1878
天理図書館蔵

ミケーネは、ギリシア・ペロポネソス半島東部アルゴス平野にある古代遺跡。1872年からシュリーマンによって発掘された。

『ミケーネ』は、全11章からなり第1章でティリンスの発掘、第2章でミケーネの地形、第3章でミケーネの歴史、第4章から第6章でミケーネの要塞からアクロポリス近辺の発掘、第7章以降でアクロポロスの墓や出土した宝物について述べている。第10章を除く各章目次には、1876年8月6日ティリンス、から1877年3月1日アテネの日付があるのでこの期間での報告であろう。

序文は、イギリス首相でホメロス研究家として知られるウィリアム・グラッドストンが書いている。

デルプフェルト『トロイアとイリオン』全2巻

アテネ　ベック・アンド・バース　1902
天理図書館蔵

デルプフェルトはドイツの考古学者。大学で建築学を修め、1877年から1881年までドイツの第一次オリュンピア発掘に建築家として参加している。1882年、29歳の時シュリーマンに請われてトロイア遺跡発掘に加わった。1887年からは、アテネのドイツ考古学研究所長を務めもろもろの遺跡調査にかかわる一方、トロイア遺跡各層の区分や年代の研究を進めてそれらを確定した。

『トロイアとイリオン』は、シュリーマンの発掘調査を継承し、1894年までの成果を整理した発掘報告書。記述が正確で精密な実測図が数多く添えられており、その後のトロイア遺跡研究の基本資料となった。本書見返しには、アメリカの考古学者ヴァルトシュタイン Sir Charles Waldstein(1856～1927. 1918年から Sir Charles Walston)の蔵書票と、ブレーゲン Carl William Blegen(1887～1971)、カスキー J. L. Caskey(1908～82)の署名があり、彼らの旧蔵書であったと考えられる。

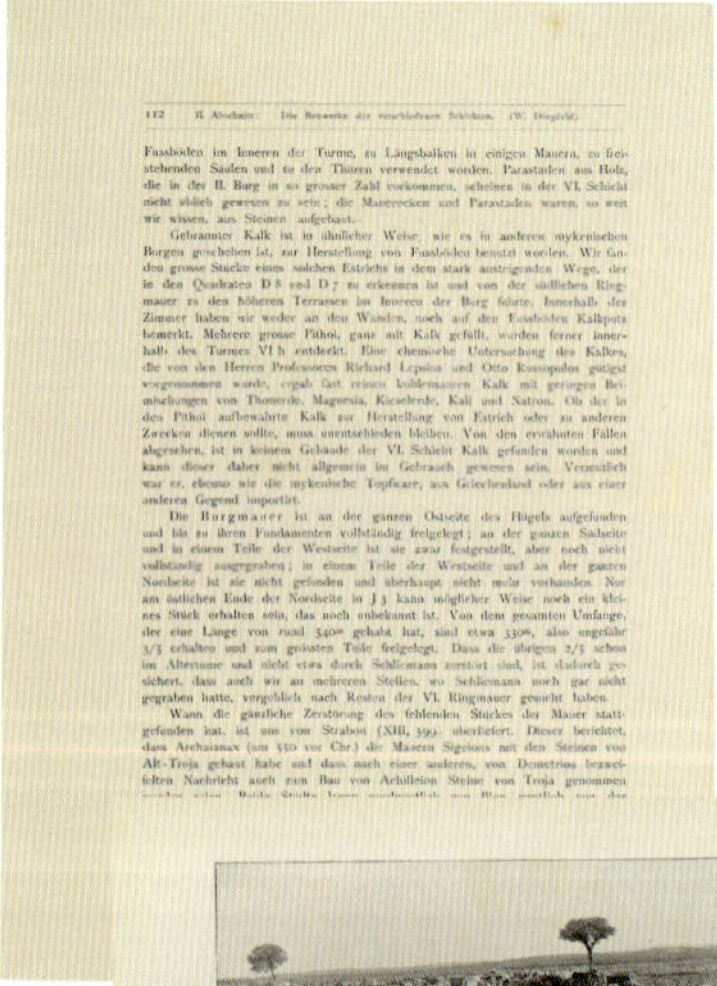

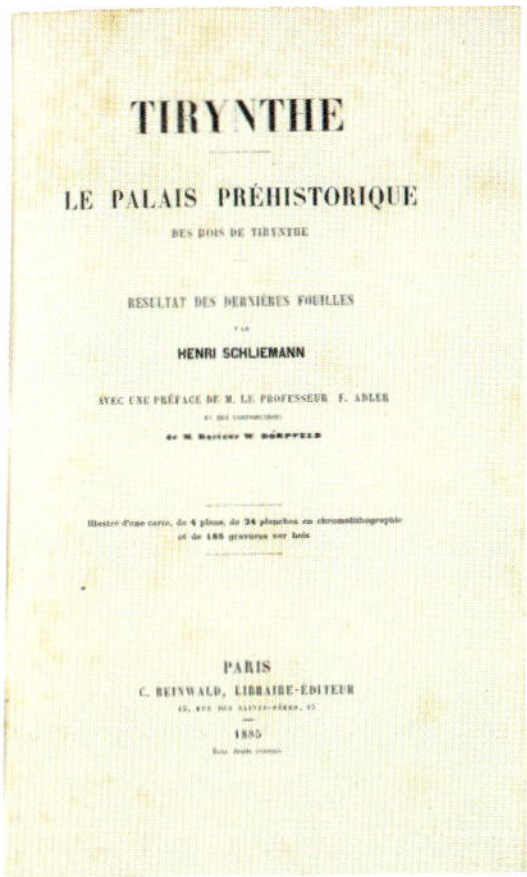

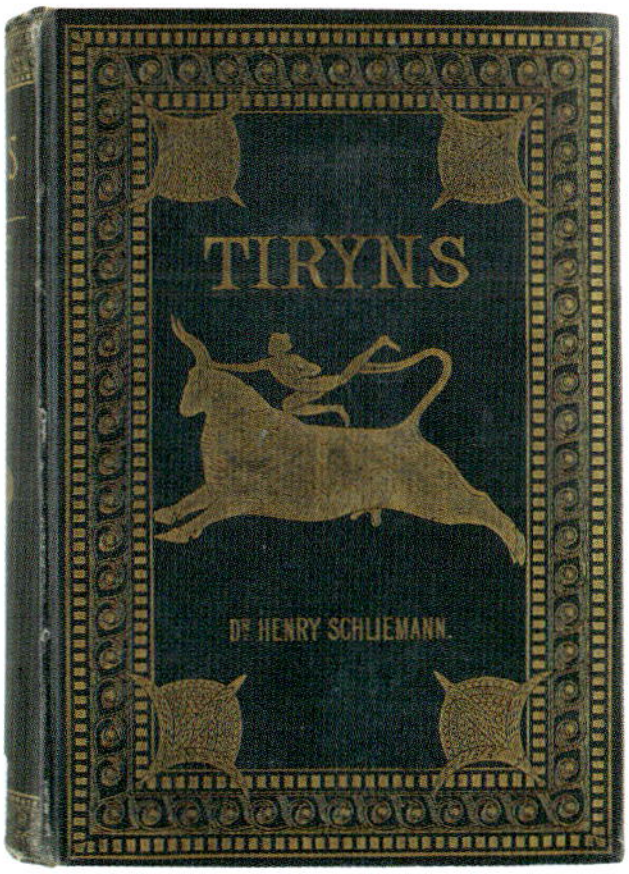

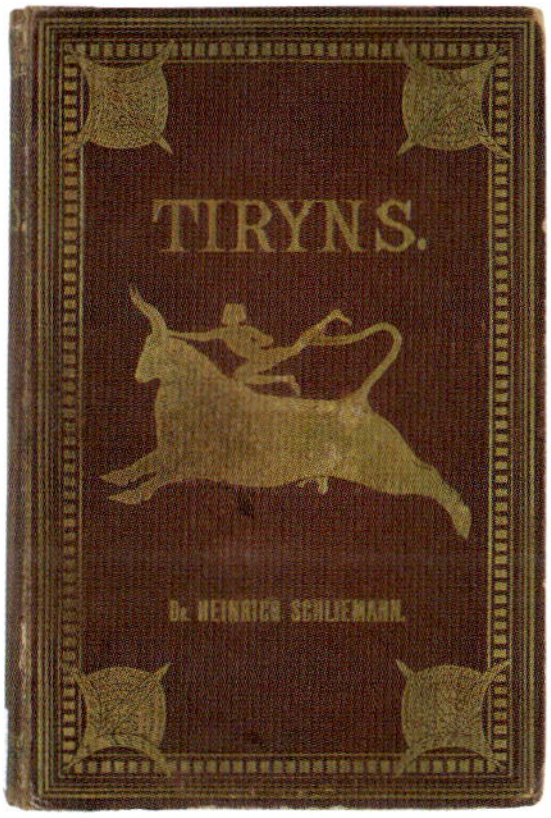

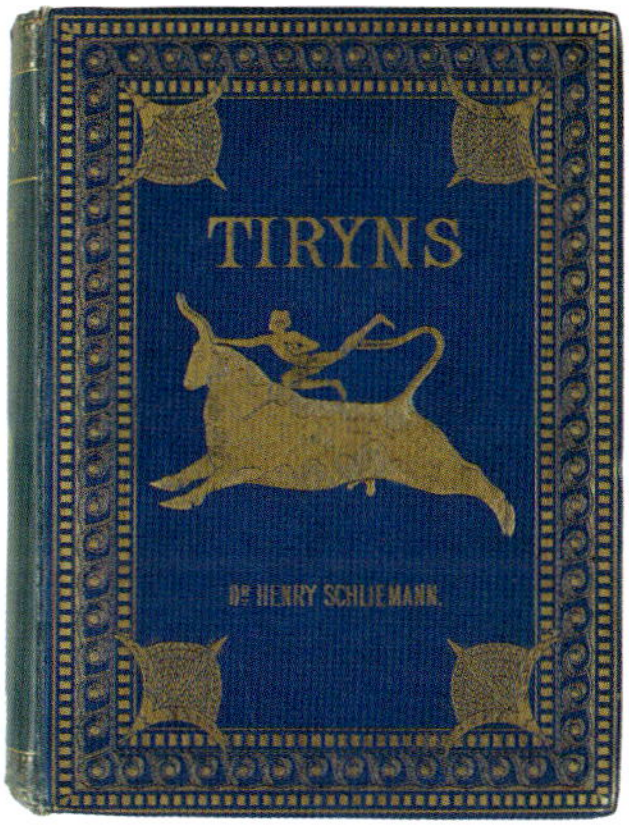

シュリーマン
『ティリンス』

アメリカ版
チャールズ・スクリプナー
1885

フランス語版
C. ラインウォルド　1885

イギリス版
ジョン・マレー　1886

ドイツ語版
F.A. ブロックハウス　1886

天理図書館蔵

ティリンスは、1884年から1885年にかけてシュリーマンによって発掘されたギリシア・ペロポネソス半島にあるミケーネ文明の遺跡。『ティリンス』は、その発掘報告書である。シュリーマンは、先史時代の城塞の遺跡を発掘し、本書には発掘品を描いた多数の図版が収録されている。1885年にニューヨーク、スクリプナー社から刊行されたのが最初で、同じ年にフランス語訳版を、翌年には、イギリス版とドイツ語版を出版した。シュリーマン最後の出版である。

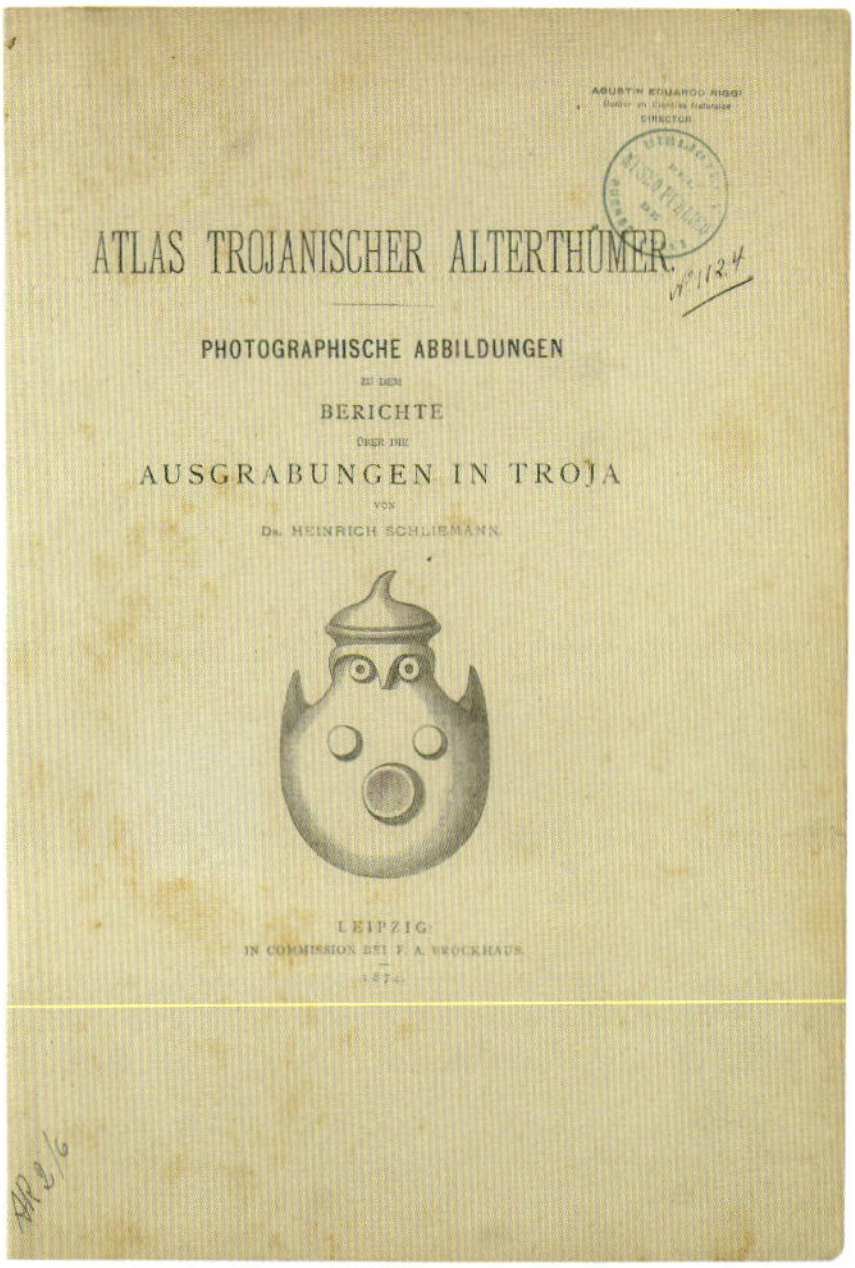

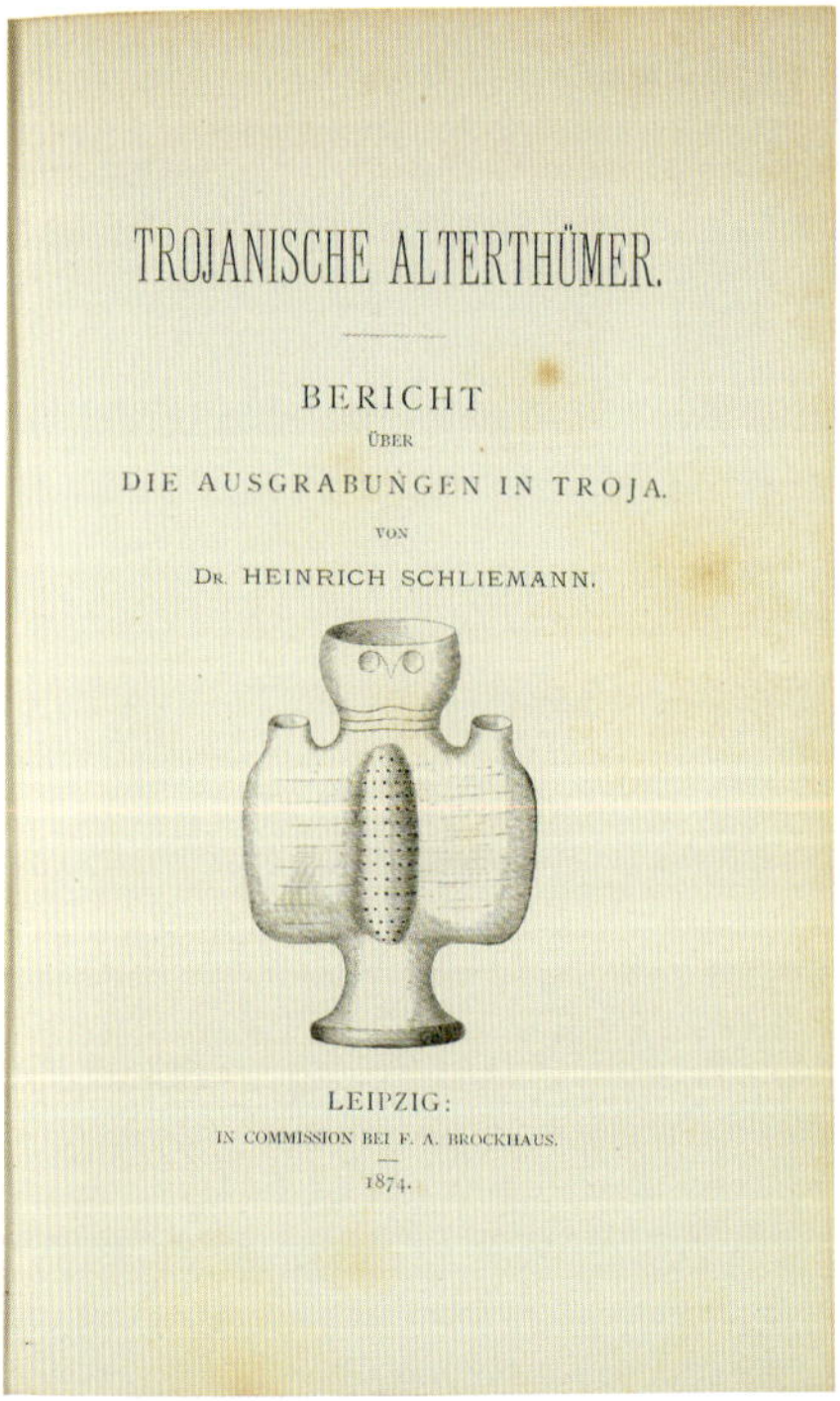

シュリーマン『トロイアの古代遺跡』

ドイツ語版テキスト巻・図版巻
ライプツィヒ　F.A. ブロックハウス　1874

フランス語版図版巻　パリ／ライプツィヒ
メゾン・ヌーヴォー／ F.A. ブロックハウス　1874

英語版　ロンドン　ジョン・マレー　1875

シュリーマン「1874 年 3 月 14 日アテネ発シュリーマンより某博士宛書簡」

天理図書館蔵

『トロイアの古代遺跡』は、シュリーマンが、1871 年より 1873 年にかけてトルコ・西アナトリアのヒサルルクの丘で発掘したトロイア遺跡の発掘報告書。1874 年 1 月末にテキスト巻と図版巻とからなるドイツ語版とフランス語版が合計 500 部(400 部という説もある)出版された。テキスト巻は、八折版の大きさで、図版巻は、218 枚の台紙に写真を貼りつけたポートフォリオ形式の出版であった。

図版巻 218 枚の写真の内訳は、出土品の写真 82 枚、出土品のスケッチを写真撮影したもの 81 枚、プリアモスの写真 17 枚、同スケッチを写真撮影したもの 2 枚の合計 182 枚が図版の大半を占め、それ以外に、発掘現場の写真や、発掘現場のスケッチを写真撮影して張ったもの 20 枚、図面の写真 7 枚、ヒサルルクの丘から望むトロイア平野、あるいはトロイア平野から望むヒサルルクの丘などのスケッチを写真撮影したもの 9 枚からなる。

ドイツ語版図版巻は、出版後わずか 1 ヶ月半の 3 月 14 日までに完売していたと言われており、掲出の「1874 年 3 月 14 日アテネ発シュリーマンより某博士宛書簡」にも、「『トロイアの古代遺跡』のテキストを直ちに貴方様に送るよう F.A. ブロックハウスに書きました。ドイツ語版図版巻は品切れになっており、残念ながら一緒に送ることができません」と記されている。

英語版は、1875 年にロンドンで出版された。図版巻がなく、独仏両版図版巻の写真が数多くイラストや鋼板に起こされた挿入図として収録されている。独仏両版の図版巻に使用したネガフィルムは、1874 年末には傷みがひどく使いものにならなかったことが知られている。天理図書館所蔵本は、第二次大戦後トロイア遺跡発掘に携わったアメリカの考古学者カスキー John L. Caskey の旧蔵書であり、見返しには、'FROM THE AUTHER' の紙片が張られていることからシュリーマンの献呈本である。

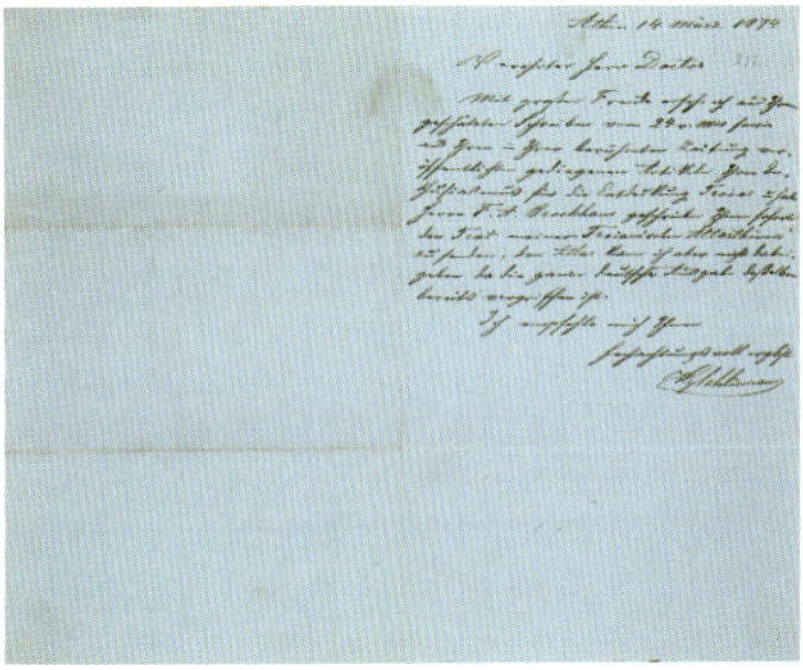

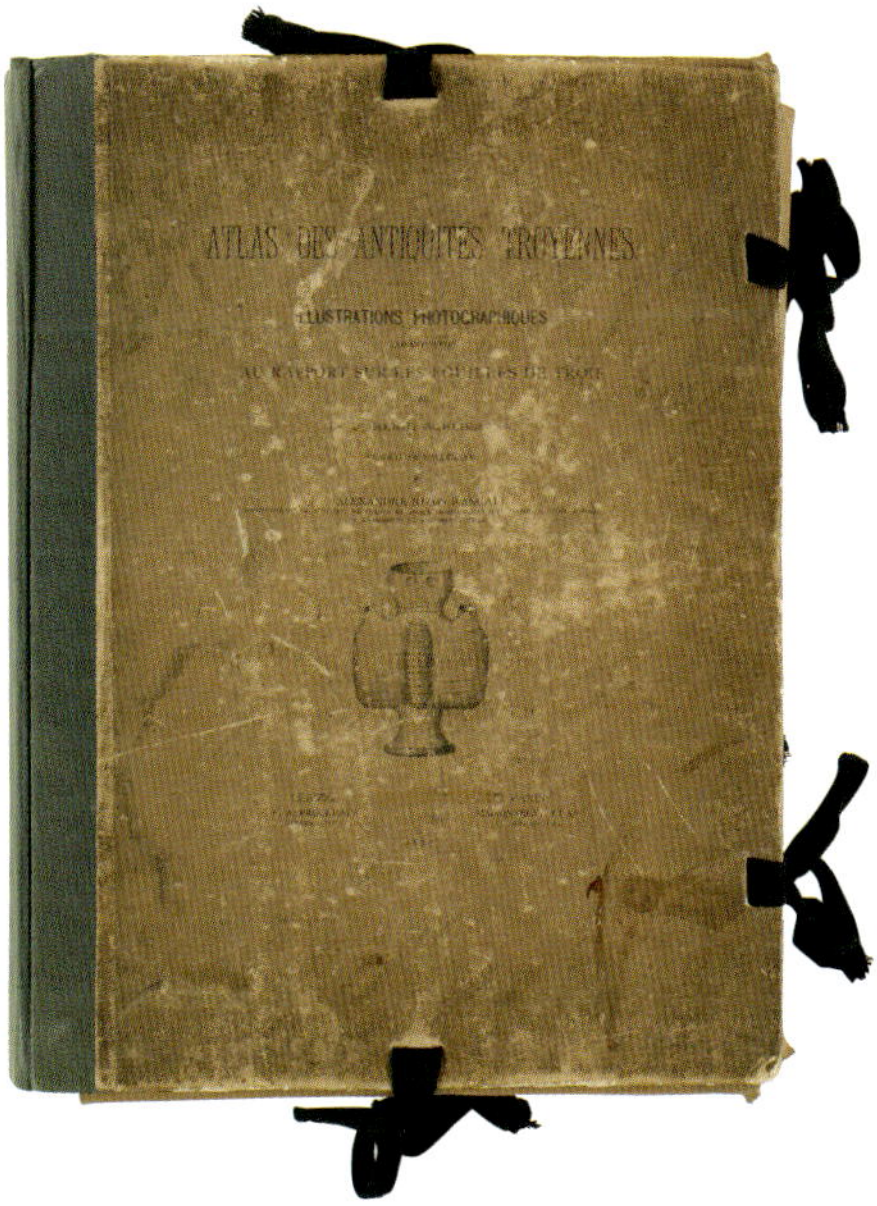
ATLAS DES ANTIQUITÉS TROYENNES
ILLUSTRATIONS PHOTOGRAPHIQUES

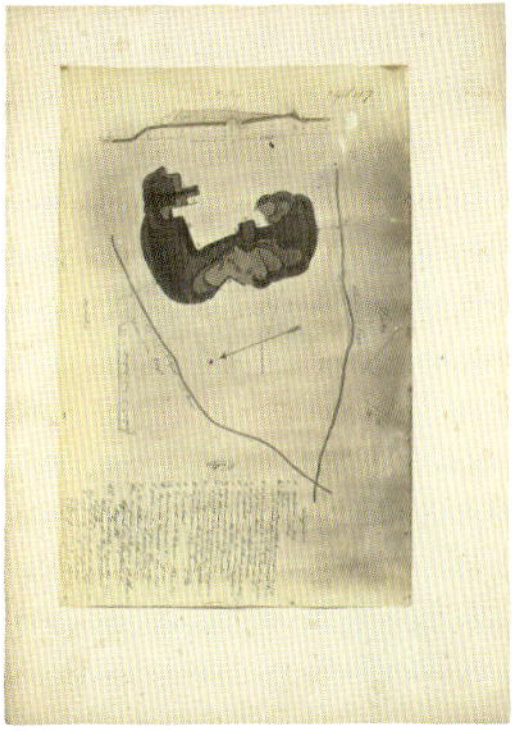

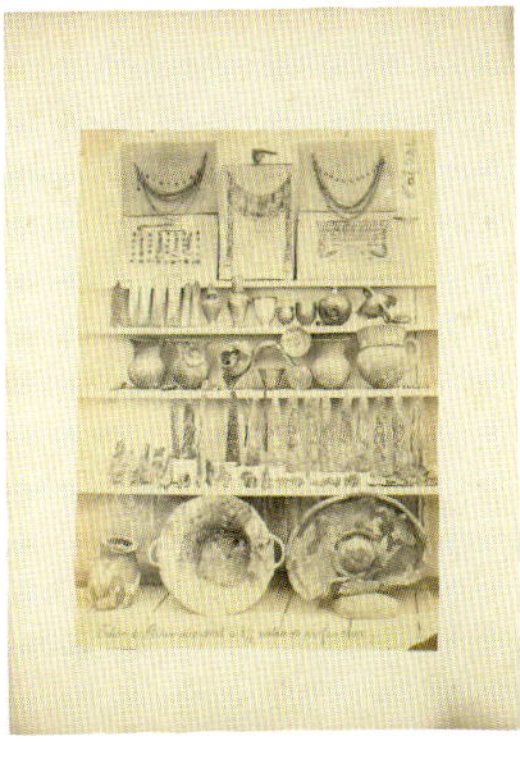

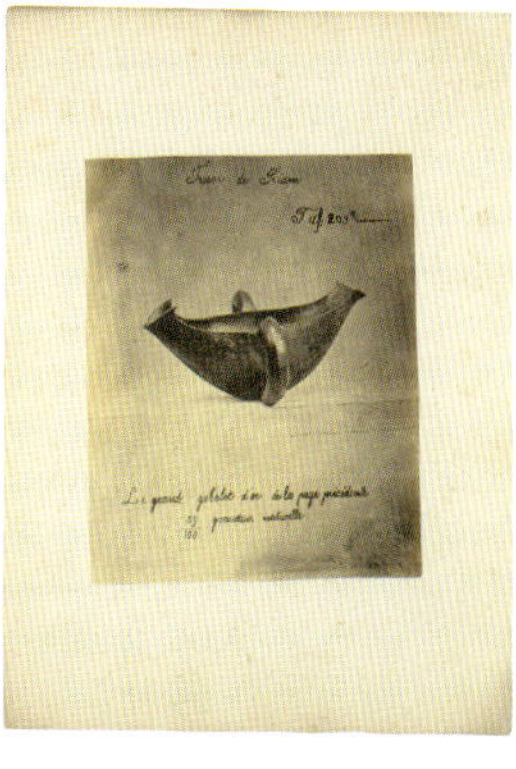

19世紀の印刷

シュリーマンの生きた十九世紀は、十八世紀後半にはじまった産業革命や市民革命が広がりを見せた時代であった。

印刷術においても、十五世紀中ごろのグーテンベルクの活版印刷術の発明以降三五〇年間ほとんど変わることなく使われてきた印刷機に大きな革命が起きた世紀である。産業革命の起きたグレートブリテン及び北アイルランド連合王国において、スタンホープ伯爵家の三代目チャールズ・スタンホープが、一八〇〇年頃に総鉄製の印刷機の開発に成功したことに始まっている。

スタンホーププレスと名づけられた総鉄製の印刷機は、ぶどう搾り機に手を加えた従来の木製印刷機と異なり構造が強固になったばかりでなく、スタンホープレバーといわれる圧盤を下げる装置により、手間暇かけずに速く印刷が行え、大きな圧力を均質に版にかけることによってインクの載り具合のよい印刷が行えるようになった。印刷機は、この時代に飛躍的に改良され、版にインクを付けるハンドローラーの発明など、周辺機器も整備されていった。蒸気を動力源にした印刷機も登場し、新聞などを大量に印刷できるようになった。

同様に、書籍に挿入される図版も印刷術の著しい変革を遂げている。十七世紀以降の図版は、主として銅板を線刻(エングレーヴィング)する銅版図であったが、一八

スタウワー著『印刷者の手引き』(1808年刊)より「スタンホーププレス」(天理図書館蔵)

二〇年代に摩耗の心配のない鋼鉄製の版を広く使うようになった。

また、十八世紀後半に登場した木口木版の技術が、一八三〇年を過ぎたころから広く普及し始めた。それまでの木版図は、版木に西洋梨やオオカエデ、ブナなどの削りやすい木材の板目や柾目を利用していたが、材料に堅いツゲの木口を利用することにより、非常に繊細な線を刻んだ、細部の表現にすぐれた作品を生み出すことが可能になった。表面のなめらかな紙がこの頃生産されていたことも印刷には効果的であった。

一七九八年、アロイス・ゼネフェルダーがミュンヘンでリトグラフ(石版画)の技法を開発した。この技法は、油脂と水分をともに吸収する性質の石灰石を利用したもので、エングレーヴィングに比べて製作費をかなり安価に抑えることができた。一八三七年に、アンジェルマンが多色刷りリトグラフの技法でフランスの特許を得ている。ヴィクトリア朝時代には、書籍の挿絵に多色刷りリトグラフが利用され、挿絵を四方から包み三方の小口を紐で括る収納用ケース(ポートフォリオ)に収めて刊行されることもあった。とくに色数が多いリトグラフは、クロモリトグラフと呼ばれている。

一八四〇年、ウィリアム・ヘンリー・フォックス・タルボットが一枚のネガから複数の写真(ポジ画像)を作製する写真技法を発明した。カロタイプ(またはタルボタイプ)と称されるこの技法は、印刷ではないので、書籍の図版は、写真を直接紙面に張って解決された。一八五一年にフレデリック・スコット・アーチャーが写真湿板の技術を発明した。

写真が書籍の図版として印刷されるようになるのは、一八八〇年代以降の写真製版技術の革新を待つことになる。そして、一八九〇年代にエングレーヴィングや小口木版技法は、書籍印刷の世界から一掃されてしまった。

さて、シュリーマンの『ティリンス』の標題紙には、

“With 188 woodcuts, 24 plates in chromolithography, one map and four plans”

と記載されている。“woodcuts”は、木口木版のことで一八八図あり、“chromolithography”は、多色刷りリトグラフのことで二四図ある。因みに、この資料に挿入された“map”は、鋼版図である。

また、トロイア発掘報告書の図版巻である『トロイア遺跡図譜』は、二一八枚の写真を台紙に張ってポートフォリオで刊行された。

〈神崎順一〉

終章

シュリーマンの今日的評価

周藤芳幸

学問の世界では、しばしば一人のパイオニアの名前が、その分野の上に燦然と輝いていることがある。情報学におけるフォン・ノイマン、電気工学におけるトーマス・エジソン、放射線学におけるマリ・キュリーなど、その例は枚挙に暇がないが、考古学においてこれに相当するのが、ハインリヒ・シュリーマンであることに、おそらく異論はないであろう。とりわけ、幼年時代のエピソードを含むシュリーマンの印象的な自叙伝を冒頭におき、トロイア発掘以後の彼の考古学的活動についても手際よく紹介するA・ブリュックナーによるシュリーマンの伝記は、『古代への情熱』という魅力的なタイトルで早くから我が国にも紹介され、偉人伝のベストセラーとして不動の地位を誇ってきた。(1) 子どもの頃に出会った一冊の本を通じてギリシア神話の英雄たちの世界に惹きつけられ、不屈の意志と努力によって貧窮から身を起こし、商人として巨万の富を蓄えた後に、「いつかは伝説の都トロイアを発掘する」という夢を実現した、独学の考古学者シュリーマン。その波瀾万丈の人生は、まさに偉人伝に取り上げられるに相応しいと言えよう。

実は、この「夢を掘り当てた人」という広く普及したシュリーマン像については、一九九〇年の没後百年を機に盛んになったシュリーマン研究の成果によって、かなりの見直しが迫られている。(2) たとえば、彼自身が自叙伝で述べているところとは裏腹に、一八六四年の世界旅行以前のシュリーマンが、ホメロスの叙事詩の世界はもちろんのこと、そもそも考古学や古代ギリシアの文化に特別な(つまり、当時の一般的な旅行者以上の)関心を抱いていたことを示す証拠はまったくない。彼の最初の公刊された著作は、一八六五年に世界旅行の途中で立ち寄った中国と日本についての紀行文であるが、そこに後年の彼の考古学的な活動の萌芽を探し求めても、徒労に終わるだけである。もちろん、この紀行文から窺われる彼の旺盛な好奇心と迅速な行動力が、後の考古学的な調査の実現にあたっても、大きく役立ったことは間違いない。しかし、たとえばこの紀行文の隅々にまで行き渡っている細かな数字へのこだわりは、どちらかと言えば、彼がいかに卓越した商才の持ち主であったかを、如実に物語っている。

しかし、シュリーマンにとって、トロイア遺跡との出会いが、決して彼が世間にそう信じさせようとしたような幼年時代の夢に由来するものではなく、結婚生活に行き詰まってアイデンティティ・クライシスに直面した中年の裕福な商人の前に差し込んだ一筋の光明に過ぎなかったとしても、それが考古学者としてのシュリーマンの偉大さを何ら損なうものではないことは当然である。むしろ、我々に畏敬の念を抱かせずにはおかないのは、遅ればせのグランド・ツアーをきっかけに考古学の世界にのめり込んでいった彼が、自己に課したトロイアの発掘という試練を通じて、驚くほど短い期間にこの学問の高みを極めることができたという事実そのものである。単に夢を実現しただけの人ならば、どこにでもいるかもしれない。シュリーマンを真の偉人に押し上げたのは、「夢を実現するという夢」を現実化するプロセスを通じて、ギリシア(先史)考古学という一つの学問分野を確立するという比類のない功績だったのである。

「片手にスコップ、片手に『イリアス』」というモットーほど、シュリーマンの創造したギリシア考古学の本質を的確に衝いた言葉はないであろう。シュリーマンのトロイア発掘を嚆矢とするギリシア考古学は、遺跡の発掘を中心とする現地調査を基盤とする学問という意味においては、他の地域の考古学と何ら変わるところはない。しかし、ギリシア考古学を際立たせているのは、その研究対象に関わる膨大な古典史料(ホメロスの『イリアス』のような文学作品、ヘロドトスやトゥキュディデスらによる歴史叙述、ストラボンの『地誌』やパウサニアスの『ギリシア案内記』のように古代遺跡の同定に欠かせない著作など)、出土文字史料(ミケーネ時代の線文字B粘土板、前古典期以降の碑文など)、図像史料(青銅器時代のフレスコ画、古典期の彫刻など)の存在であって、これらの史資料を対象としてルネサンス時代から(一部については、さらに古くヘレニズム時代から)積み上げられてきた古典学(classics)の伝統が、一九世紀になってからようやく形をなしてきた新興の学問である狭義の考古学と融合したところに、他の地域の考古学には見られないギリシア考古学の沃野が広がっているのである。それ自体としては純粋に古典文学であるホメロスの叙事詩に描かれている世界を遺跡の発掘によって甦らせようとしたシュリーマンの試みは、この点においてギリシア考古学の誕生を告げる画期的な壮挙だった。そもそもシュリーマンの発掘した遺跡が、ヨーロッパ文化の源流に位置する文学作品の舞台、すなわち当時の教養人であれば誰もが関心を抱いたはずの「あのトロイア」と同定されなければ、その成果がこれほどまでに脚光を浴びることはなかったのである。

ここで現在の学界状況についても一言しておくならば、シュリーマンとそれ以降の度重なる発掘にもかかわらず、ホメロスの叙事詩の内容に何らかの歴史的な実体が反映されているかどうかは、今なお解決を見るには至っていない(そしておそらくは今後も明確には解決することのできない)難しい問題である。著名な古代史家であるP・カートリッジのように、「ホメロスの描いた世界が永遠の生命を保っているのは、それがまさに詩人の頭の中にしか存在しなかったからだ」と断言する研究者がいる一方で、筆者も含め、そこに様々な形でエーゲ海の古い時代(とりわけミケーネ時代)の文化要素が含まれていることを重視する研究者は少なくない。また、トロイアそのものをめぐっても、ベンツの資金援助によって一九八八年から二〇〇五年まで継続されたM・コルフマンによる再調査を契機として、「トロイアをめぐる新たな戦争」と呼ばれる活発な論争が展開されている(3)。しかし、このようなダイナミックな研究動向も、元をたどるならば古典文学に描かれた事件と遺跡とをダイレクトに結びつけるというシュリーマンの素朴であると同時に画期的なアイディアに端を発するものであり、その点でもシュリーマンの功績は揺るぎないところであろう。それでは、いったい何がシュリーマンにこのギリシア考古学の確立という偉業を成し遂げることを可能にしたのであろうか。

考古学者としてのシュリーマンの活動を振り返ったときに何よりも印象に残るのは、その目的に向かって突き進む飽くなき行動力に加えて、前途に立ちふさがる困難が結果的には飛躍のためのチャンスになるという幸運と、それを世の中に認めさせる天賦の才とに恵まれていたことである。まず、一八七〇年の試掘に続いて一八七一年秋から本格的に開始されたトロイアの発掘について言えば、これはホメロスのトロイアを発見するという所期の目的に照らすならば、明らかに「失敗」だった。というのは、この遺跡からはそこが『イリアス』に描かれている繁栄した王国の都であったことの証拠となる宮殿や金銀の財宝などが、まったく見つからなかったからである。掘れども掘れども、地中から出てくるのは、何の変哲もない土器片や紡錘車などの土製品、石器や獣骨ばかり。一八七二年には、ようやく話題性のある遺物として、ヘレニズム時代のアテナ神殿を飾っていたメトープ彫刻が出土するものの、それは明らかに伝説のトロイア戦争とは無関係な遺物だった。しかし、この遺跡がトロイアに違いないという信念のもと、シュリーマンは当時にあっては誰も目をくれないような土器や石器を丹念に観察し、堆積の層序を吟味し、結果としてそれまでの美術史的な考古学に代わる、今日的な意味での考古学の方法論を鍛え上げていくことになる。もし、後年のミケーネ発掘の場合のように膨大な黄金製品を副葬する墓にあたっていたら、あるいはヘリオス・メトープのような古典期以降の「芸術作品」が数多く出土していたら、シュリーマンは決して土器や石器のような日常生活に関わる物質文化の研究という考古学の基本を追求していくことはなかったに違いない。その一方で、シュリーマンは、この「失敗」に終わった調査を「成功」に転じるための奇策も用意していた。それこそが、一八七三年の発掘シーズンの締めくくりに、金属製品などの一括遺物をこっそりトルコから持ち出し、これを伝説上のトロイア王であるプリアモスの財宝であるとの触れ込みでヨーロッパの教養人に喧伝することだった。この一括遺物は、それ自体が初期青銅器時代のものとして学問的に興味深いものではあるが、シュリーマンによって「プリアモスの財宝」として強引にトロイア戦争と結びつけられることがなければ、あれほどのセンセーションを巻き起こすことはなかったはずである。(4)

このようなシュリーマンの運と才能は、幻に終わったオリュンピアの発掘と、そのいわば埋め合わせとして実現したミケーネの発掘の経緯にもよく示されている。「プリアモスの財宝」の持ち出しのためにトルコでの発掘を続けることができなくなったシュリーマンが、次の発掘地として狙いを定めたのは、ギリシアにある二つの著名な遺跡、トロイア遠征軍の総大将アガメムノンの居城ミケーネと、古代オリンピック競技会の舞台オリュンピアだった。しかし、ミケーネはさておき、オリュンピアという選択肢は、いかにも唐突な観を与えずにはおかない。というのも、件の自叙伝によれば幼年時代から彼を魅了していたはずのホメロスの叙事詩の中に、オリュンピアはまったく登場しないからである。シュリーマンが一八七四年の書簡の中でオリュンピアの発掘に余生を捧げるつもりであると述べていることは、この時期に至ってもなお、ホメロスの叙事詩だけが彼の関心事ではなかったことを明白に示している。一方で、パウサニアスの『ギリシア案内記』によれば、オリュンピアの地には素晴らしい彫刻などの古代ギリシアの芸術作品が膨大に眠っているはずだった。結局、オリュンピアの発掘権はシュリーマンの前に立ちはだかったベルリン大学教授のE・クルティウスの手に渡り、ひとまず彼の夢は破れたが、その代わりに発掘権を与えられたミケーネで、彼は一八七六年に未曾有の大発見を成し遂げ、再びセンセーションを巻き起こすことになる。しかも、このミケーネでの調査地点の選定にあたっては、トロイアでの発掘経験がしっかりと活かされていた。彼の慧眼は、ライオン門をくぐってすぐ右手の地点こそが、パウサニアスの記述と合致しているばかりではなく、堆積土の厚さという点でも発掘のターゲットとして相応しいことを、ただちに見抜いたからである。もはや彼は、自らの手で掘り出した膨大な黄金製品などの豪華な副葬品を伴うミケーネの墓が、アガメムノンとその王族の墓であることに疑いを抱くことはなかった。こうして、オリュンピアの発掘権獲得に失敗したおかげで、思いがけなくも、シュリーマンはトロイアで果たせなかった目的をミケーネで果たすとともに、名実ともにミケーネ文明の発見者となることができたのである。

オリュンピアの発掘権がシュリーマンではなくクルティウスに渡ったことに象徴的に示されているように、シュリーマンが考古学的な活動を始めた一八七〇年代には、アカデミックな世界における権威や序列は既にしっかりと確立されていた。その世界に参入するために、彼は涙ぐましい努力の末に学位を入手したりもしているが、そのような世界を向こうに回して、より効果的に自らの調査の成果を世に認めさせるために彼が精力的に取り組んだのが、新聞などのマスコミへの発掘経過の寄稿と、それらをもとにした(当時の学界の共通語だったラテン語ではなく)複数の現代語による発掘報告書の迅速な公刊である。今日でこそ、遺跡の発掘は同時に遺跡の破壊でもあり、その代償としての調査成果の刊行こそが考古学者の最大の責務であることは広く認められているが、象牙の塔とはついに無縁であったシュリーマンが、期せずして報告書の刊行を通じて考古学を広く社会に開かれたものとする道を拓いた事実は、総説でも述べたように、決して見逃されてはならないであろう。

今回の特別展で初めて公開されるティリンス遺跡の報告書の原画の数々は、そのようなシュリーマンの考古学への貢献を新たな視点から再評価する上でも、きわめて重要な資料と評することができるのである。

(1) 村田数之亮訳『古代への情熱　シュリーマン自伝』岩波文庫、一九五四年ほか。

(2) 詳しくはH・デュシエーヌ著青柳正規監修『シュリーマン　黄金発掘の夢』D・トレイル著、周藤芳幸・澤田典子・北村陽子訳『シュリーマン　黄金と偽りのトロイ』青木書店、一九九九年を参照。

(3) アナトリア考古学の視点からのシュリーマン評価については、大村幸弘『トロイアの真実』山川出版社、二〇一四年から多くの貴重な示唆を得た。記して感謝したい。

(4) 後にシュリーマンによってドイツに寄贈されたこの遺物が戦利文化財として辿ることになる数奇な運命については、K・アキンシャ&G・コズロフ著、木原武一訳『消えた略奪美術品』新潮社、一九九七年を参照。

シュリーマンの世界旅行(1864~1865年)

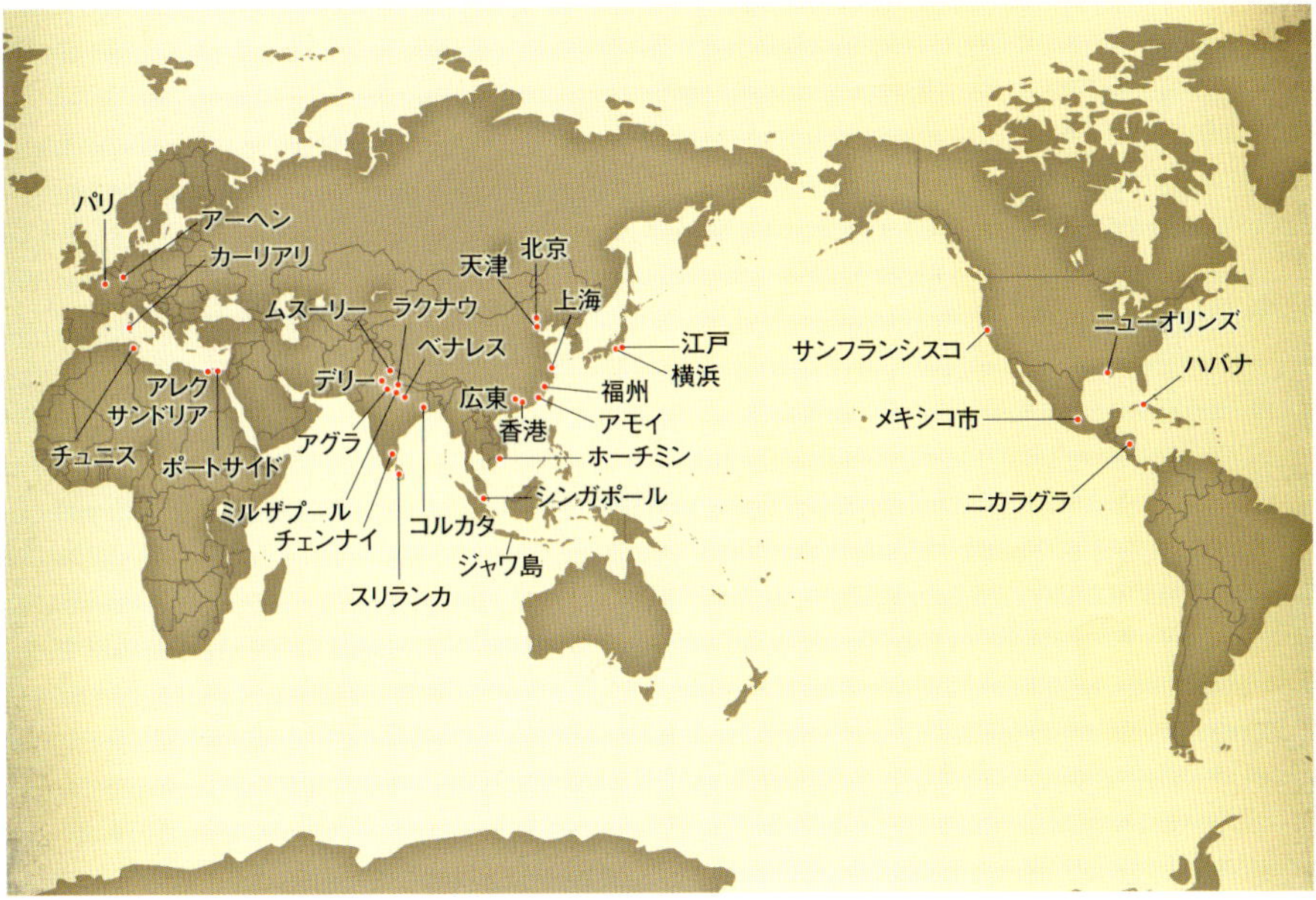

ドイツ(アーヘン) ➡ フランス(パリ) ➡ イタリア(カーリアリ) ➡ チュニジア(チュニス)
➡ エジプト(アレクサンドリア・ポートサイド) ➡ スリランカ ➡ インド

インド(チェンナイ ➡ コルカタ ➡ ベナレス ➡ アダラ(アグラ?) ➡ ラクナウ ➡ デリー
➡ ヒマラヤ山地 ➡ ムスーリ ➡ デリー ➡ アグラ ➡ ラクナウ ➡ ミルザプール
➡ コルカタ) ➡ シンガポール ➡ インドネシア(ジャワ島) ➡ ベトナム(ホーチミン)

中国へ　香港、広東、厦門《アモイ》、福州、上海、天津、北京から万里の長城

日本へ　横浜、江戸

カリフォルニアのサンフランシスコへ

サンフランシスコからニカラグアを経て合衆国東部(ニューオリンズ)へ

なおハバナとメキシコ市を訪れ

アメリカからパリに到着

地中海周辺・ギリシア遺跡地図

古代年表

エジプト
先王朝
3000
初期王朝
古王国
第1中間期
2000
中王国
第2中間期
新王国
1000
第3中間期
末期王朝
プトレマイオス朝
B. C. / A. D.
ローマ

ギリシア本土
新石器
初期ヘラディック
中期ヘラディック
後期ヘラディック
原幾何学様式
幾何学様式
アルカイック
クラシック
ヘレニズム
ローマ

	1680
LHI	
	1600
LHⅡA	
	1480
LHⅡB	
	1420
LHⅢA1	
	1370
LHⅢA2	
	1310
LHⅢB1	
	1250
LHⅢB2	
	1190
LHⅢC初期	
	1150
LHⅢC中期	
	1100
LHⅢC後期	
	1050

ハインリヒ・シュリーマン略年譜

西暦	年齢	事　項	主な出来事
1822	0	ドイツ北部メクレンブルクのノイブコーで生まれる。	ヒエログリフ解読
1823	1	アンカースハーゲンに転居。	勝海舟生まれる
1831	9	母死去。	ダーウィン航海に出る
1832	10	アンカースハーゲンを離れ、伯父のもとで暮らす。	ギリシアが独立
1833	11	ギムナジウム(中高一貫校)に入るが学費の都合上、無料の実科学校に編入する。	第1次エジプト・トルコ戦争終結
1836	14	卒業して、雑貨屋の見習いとなる。	
1841	19	血管破裂で血を吐く。職を失い、南米のベネズエラに向かう船に乗るが、難破する。アムステルダムで留まる。	
1842	20	英、仏、オランダ、スペイン、ポルトガル、イタリアの各語を学ぶ。	天保の改革
1844	22	屈指の貿易会社シュレーダー商会に入社。ロシア語を学ぶ。	
1846	24	シュレーダー商会代理人としてロシア・ペテルブルクに派遣され、成功する。代理人を続けながら、独立して卸商を始める。	米墨戦争始まる
1852	30	ロシア人エカテリーナと結婚。	大英博物館完成
1854	32	スウェーデン、ポーランド語を学ぶ。クリミア戦争で商売成功。	ペリー江戸湾来航
1856	34	現代ギリシア語、古代ギリシア語を学ぶ。	清でアロー号事件
1858	36	オリエントを旅行する。ラテン語、アラビア語を学ぶ。	安政の大獄
1864	42	会社を閉鎖して商売から手を引いて行く。世界旅行(2年間)を始める。チュニス、エジプトを経てインドへ。	蛤御門の変 下関戦争
1865	43	インド、中国、日本(横浜・江戸)を経てサンフランシスコへ。	リンカーン暗殺
1867	45	『中国と日本』を出版。	近江屋事件
1868	46	イタリア・ギリシア・トルコ(ポンペイ・イタカ島など)へ旅行。	王政復古の大号令
1869	47	離婚成立。『イタカ、ペロポネソス、トロイア』出版。ソフィアと再婚。	函館湾戦争
1871	49	トロイアを発掘する。	ドイツ帝国成立
1872	50	第2次トロイア発掘調査。	富岡製糸場開業
1873	51	第3次トロイア発掘調査。「プリアモスの財宝」を発見。	『80日間世界一周』出版
1874	52	発掘報告書『トロイア遺跡図譜』出版。	
1876	54	ミケーネ遺跡の発掘調査。「アガメムノンのマスク」発見。	
1878	56	第4次トロイア発掘調査。発掘報告書『ミケーネ』出版。	ベルリン会議
1879	57	第5次トロイア発掘調査。	アルタミラ洞窟発見
1880	58	オルコメノス発掘調査。	エジソン電球発明
1881	59	「プリアモスの財宝」をドイツに寄贈。ドイツ皇帝から親書を賜る。ベルリン名誉市民になる。	
1882	60	第6次トロイア発掘調査。デルプフェルトが加わる。	
1884	62	第1次ティリンス発掘調査。	秩父事件
1885	63	第2次ティリンス発掘調査。発掘報告書『ティリンス』(ニューヨーク版、仏語版)発行。	伊藤博文初代内閣総理大臣に
1886	64	発掘報告書『ティリンス』(ロンドン版、独語版)発行。エジプト旅行。	
1888	66	エジプト旅行。	
1889	67	第1回トロイア国際考古学会議を開催。	大日本帝国憲法発布
1890	68	第7次トロイア発掘調査。第2回トロイア国際考古学会議開催。 ギリシアへ帰国途中で立ち寄ったイタリア・ナポリの路上で倒れ、翌日死去。	第1回帝国議会

用語解説

石版印刷(リトグラフ)

石版印刷は1798年頃ドイツのアロイス・ゼネフェルダー(1771〜1834)によって完成された。石灰岩が脂肪およびアラビアゴムを強く吸着することと，脂肪と水が反発し合うことを利用している。印刷過程はおよそ次の通りである。

❶石灰岩に脂肪性のクレヨンやインクで描く。
❷弱酸性溶液(アラビアゴムと硝酸の混合液)を塗布し，長時間放置する。
描かれた部分は油性物質を引きつけ水分を弾き，描かれていない部分は水分を保持する。
❸描画材を落として，製版インクを盛って製版を作る。
❹石面を水で湿らせた後，印刷用の油性インクをのせる。描かれた部分だけに油性インクが付着する。
❺石面に紙を当て，石版用刷り機にかけて刷り上げる。

赤，青，黄の3原色混合による多色石版印刷をクロモリトグラフと言う。ティリンス報告書では24枚がクロモリトグラフで印刷されている。

トロス墓

ミケーネ時代に各地の有力者が造ったと推定されるのがこのトロス墓である。日本の横穴石室を想起させる構造で，細長い通路(ドローモス)，扉でふさがれた入口部分(ストミオン)，そして埋葬施設である主室(トロス)からなっている。丘陵の斜面部を掘り込んで石積みで構築した墓である。トロスとは円形の建築物の総称で，トロス墓の場合，主室が穹《きゅう》窿《りゅう》にせり上がり，頂部はキャップストーンがはめられている。1つの集落遺跡に通常1基しかないが，ミケーネだけは例外的で9基存在する。そのうちの1つが「クリュタイムネストラの墓」である。ローマのパウサニアスという歴史家がミケーネを訪れ，案内記を書いている。そこにはミケーネ王アガメムノンを裏切った妻クリュタイムネストラの墓は城壁の外にあると記していることから，今もこの名称が使われている。

メガロン

大きな部屋という意味のギリシア語で，ミケーネ，ティリンス，ピュロスなどミケーネ文明に見られる王宮建築の中心をなす建物。中庭に出口が開放されたポーチがあり，そこを通って前室に入る。さらに奥へと進むと主室に至る。主室には中央に大きな円形の炉が，壁には玉座がある。

参考文献

大村幸弘『トロイアの真実』山川出版社，2014年

金関恕「世界の考古学と日本の考古学」『岩波講座日本の考古学　第1巻　研究方法』岩波書店，1985年

京都文化博物館『古代エジプト文明3000年の世界』2005年

近藤二郎『エジプトの考古学』(世界の考古学) 同成社，1997年

シュリーマン，H(村田数之亮訳)『古代への情熱』岩波書店，1954年

シュリーマン，H(石井和子訳)『シュリーマン旅行記　清国・日本』講談社，1998年

シュリーマン，H(中島篤巳訳)『トロイ遺跡図譜』中島内科外科医院，2002年

周藤芳幸「遺跡のトポグラフィに基づくミケーネ社会像の再検討――アルゴス平野の場合」『史学雑誌』第100編第6号，1991年，1-35頁

周藤芳幸『図説ギリシア――エーゲ海文明の歴史を訪ねて』河出書房新社，1997年

周藤芳幸・澤田典子『古代ギリシア遺跡事典』東京堂出版，2004年

周藤芳幸『ギリシアの考古学』(世界の考古学) 同成社，1997年

周藤芳幸『古代ギリシア　地中海への展開』京都大学学術出版会，2006年

スパィヴィ，N(福部信敏訳)『ギリシア美術』岩波書店，2000年

トレイル，D(周藤芳幸・澤田典子・北村陽子訳)『シュリーマン――黄金と偽りのトロイ』青木書店，1999年

芳賀満「ガンダーラの出家踰城図における女神テュケーの図像――そのタイプ分類とヘレニズム時代ギリシアの視座からの新解釈」『佛教藝術』333号，2014年，11-36頁

ホメロス(松平千秋訳)『イリアス』岩波書店，1992年

ホメロス(松平千秋訳)『オデュッセイア』岩波書店，1994年

フェイガン，B. M.(小泉龍人訳)『考古学のあゆみ――古典期から未来に向けて』(科学史ライブラリー) 朝倉書店，2010年

ムアヘッド，C(芝優子訳)『トロイアの秘宝――その運命とシュリーマンの生涯』角川書店，1997年

ルートヴィヒ，E(秋山英夫訳)『シュリーマン――トロイア発掘者の生涯』白水社，1965年

Athens National Archaeological Museum, *Troy, Mycenae, Tiryns, Orchomenos: Heinrich Schliemann, the 100th Anniversary of his Death,* Athens, 1990

Bahn, P. G., *The Cambridge Illustrated History of Archaeology,* Cambridge University Press, 1996

Dickinson, O., *The Aegean from Bronze Age to Iron Age: Continuity and change between the twelfth and eighth centuries BC,* Routledge, 2006

Higgins, R., *Minoan and Mycenaean Art,* London, Thames & Hudson, 1967

Iakovidis, S. E., *Mycenae-Epidarus: Argos-Tiryns-Nauplion,* Athens. Ekdotike Athenon S.A., 1990

Lloyd, S. *Foundations in the Dust: The Story of Mesopotamian Exploration,* London, Thames & Hudson. 1947

Mountjoy, P. A., *Mycenaen Pottery: An Introduction,* Oxford University School of Archaeology, 2001

Petrie, W. M. F., *Tell el Hesy (Lachish)～Hyksos and Israelite Cities,* Cambridge University Press, 1891

Pollock, S., *Ancient Mesopotamia: The Eden that Never Was,* Cambridge University Press, 1999

The Pushkin State Museum of Fine Arts, *The Treasure of Troy: Heinrich Schliemann's Excavations,* Moscow, The Pushkin State Museum of Fine Arts, 1996

Schofield, L., *The Mycenaeans,* London, The British Museum Press., 2007

■執筆者紹介

周藤芳幸　名古屋大学文学研究科教授
芳賀　満　東北大学高度教養教育・学生支援機構教授
吉崎雅規　横浜都市発展記念館調査研究員
津本英利　古代オリエント博物館研究員
須藤寛史　岡山市立オリエント美術館学芸員
神崎順一　天理大学附属天理図書館司書
日野　宏　天理大学附属天理参考館学芸員
巽　善信　天理大学附属天理参考館学芸員

執筆分担は各文末に記した。

謝辞

A. ヘンゼル氏(当時ドイツ先史・原史博物館館長代理)、H. ユンカー氏(ドイツ先史・原史博物館文書部門研究員)、桑原節子氏(元ベルリン日独センター研究員)から協力、助言があった。また、株式会社版画工房プレスアヘッドからは、石版印刷の写真掲載を快諾頂いた。記して謝意を表する。

ギリシア考古学《こうこがく》の父《ちち》シュリーマン
ティリンス遺跡原画《いせきげんが》の全貌《ぜんぼう》

2015年　4月　5日　　1版1刷　印刷
2015年　4月10日　　1版1刷　発行
編　者：天理大学附属天理参考館
発行者：野澤伸平
発行所：株式会社　山川出版社
〒101-0047　東京都千代田区内神田1-13-13
電話　03（3293）8131（営業）　8134（編集）
http://www.yamakawa.co.jp
振替　00120-9-43993
製作・印刷・製本：株式会社　アイワード

Printed in Japan　　ISBN978-4-634-64829-6